Dein Top-Studium

Dorian Proksch

Dein Top-Studium

So studierst Du schnell, erfolgreich und gelassen

Dorian Proksch
Leipzig
Deutschland

ISBN 978-3-8349-4108-4　　　　　ISBN 978-3-8349-4109-1 (eBook)
DOI 10.1007/978-3-8349-4109-1

Die Deutsche Nationalbibliothek verzeichnet diese Publikation in der Deutschen Nationalbibliografie; detaillierte bibliografische Daten sind im Internet über http://dnb.d-nb.de abrufbar.

Springer Gabler
© Gabler Verlag | Springer Fachmedien Wiesbaden 2012
Dieses Werk einschließlich aller seiner Teile ist urheberrechtlich geschützt. Jede Verwertung, die nicht ausdrücklich vom Urheberrechtsgesetz zugelassen ist, bedarf der vorherigen Zustimmung des Verlags. Das gilt insbesondere für Vervielfältigungen, Bearbeitungen, Übersetzungen, Mikroverfilmungen und die Einspeicherung und Verarbeitung in elektronischen Systemen.

Die Wiedergabe von Gebrauchsnamen, Handelsnamen, Warenbezeichnungen usw. in diesem Werk berechtigt auch ohne besondere Kennzeichnung nicht zu der Annahme, dass solche Namen im Sinne der Warenzeichen- und Markenschutz-Gesetzgebung als frei zu betrachten wären und daher von jedermann benutzt werden dürften.

Lektorat: Irene Buttkus
Einbandentwurf: KünkelLopka GmbH, Heidelberg

Gedruckt auf säurefreiem und chlorfrei gebleichtem Papier.

Springer Gabler ist eine Marke von Springer DE. Springer DE ist Teil der Fachverlagsgruppe Springer Science+BusinessMedia
www.springer-gabler.de

Vorwort

Wenn Du dieses Buch in den Händen hältst, befindest Du Dich wahrscheinlich in einer oder kurz vor einer der spannendsten Phasen Deines Lebens: in Deinem Studium. Es ist eine Zeit voll von Veränderungen, Herausforderungen und Abenteuern. Du legst dabei den Grundstein für Deine berufliche Zukunft und hast dabei eine ganze Menge Möglichkeiten.

Ich selbst habe mein Studium zu großen Teilen sehr genossen. Besonders gefallen hat mir dabei die Freiheit, mir meine Zeit selbst einzuteilen und mich mit den unterschiedlichsten Projekten beschäftigen zu können. Allerdings war ich auch bei vielen Fragen im Studium sehr auf mich alleine gestellt. Keiner hatte die richtigen Antworten auf die für mich relevanten Fragen: Wie schaffe ich es, mein Studium schnell zu beenden? Was muss ich tun, um gute Noten zu bekommen? Was ist wichtig, um später meinen Traumjob zu bekommen? Die Studienberatung hatte auf diese Fragen nur vage Ideen, in der Literatur habe ich nichts Entsprechendes gefunden und von den Studenten aus den höheren Semestern hat jeder etwas anders erzählt.

Da ich ein sehr neugieriger und ehrgeiziger Mensch bin, habe ich im Studium sehr viele Dinge freiwillig und manchmal auch unfreiwillig ausprobiert. Neben einem Wechsel meines Studiengangs und dem Überspringen zweier Semester, habe ich mein Ziel erreicht, als Jahrgangsbester meinen Master-Abschluss an der Technischen Universität München zu absolvieren. Neben dem Studium jobbte ich zunächst, arbeitete dann freiberuflich als IT-Berater und war danach an einer Unternehmensgründung beteiligt (was unglücklicherweise nach zwei Jahren Arbeit scheiterte). Außerdem nahm ich erfolgreich an einem unternehmerischen Förderprogramm teil, absolvierte ein Auslandssemester in den USA, gewann einige Stipendien und war Vizepräsident eines Redeclubs. Bei all diesen Stationen beging ich viele Fehler und habe dadurch sehr viel gelernt.

Auf Grund meiner vielfältigen Erfahrungen und Erfolge wurde ich oft von Kommilitonen und Freunden um Rat gefragt. Da dies überhandnahm, entschied ich mich, Workshops zur Studienorganisation und Coachings anzubieten. Dadurch hatte ich nicht nur Gelegenheit, meine Erfahrungen weiterzugeben, sondern bekam selbst noch viele Anregungen und verschiedene Sichtweisen mit. Da ich mit Coachings und Vorträgen immer nur eine kleine Gruppe erreichen kann, entschied ich mich, dieses Buch zu schreiben, um so meine Erfahrungen einer großen Masse zur Verfügung zu stellen.

Ich hoffe, dass Du durch dieses Buch einige Anregungen für Dein Studium bekommst, Antworten auf Deine Fragen findest und eventuell den einen oder anderen Fehler im Studium vermeiden kannst. Ich wünsche Dir von ganzem Herzen, dass Du viel Spaß im Studium hast, Deine Studienziele erreichst und danach genau die Beschäftigung findest, die Dich erfüllt.

Wenn Du Anregungen zu diesem Buch, Ideen, Verbesserungsvorschläge oder Kritik hast, dann freue ich mich sehr, wenn Du mir diese mitteilst. Schreib mir eine Nachricht und ich verspreche, dass ich Dir antworten werde.

Dorian Proksch,   im Januar 2012 in Leipzig

Danksagung

Ein ganz besonderer Dank gilt Christian Bargenda. Er hat durch sein umfangreiches Feedback nicht nur dazu beigetragen, dass ich den Sprachstil und die Struktur des Buches deutlich verbessern konnte, sondern hat auch wertvolle inhaltliche Verbesserungen geliefert. Ebenso hat er mich motiviert, dran zu bleiben und dieses Buchprojekt zügig fertig zu stellen.

Zusätzlich gilt ein riesiges Dankeschön an Joachim Schwarz, der maßgeblich daran beteiligt war, dass dieses Buch tatsächlich in gedruckter Form erschienen ist.

Auch danke ich allen Trainern und Coaches, Kommilitonen und Freunden, die mit Hinweisen und Informationen zu diesem Buch beigetragen haben. Insbesondere sind dabei die folgenden Personen zu nennen: Brigitte Herder, Christian Varadi, Bakir Kreso, Marc A. Pletzer, Wiebke Lüth, Verena Braeunl-Meyel, Ellen Hermens und Sascha Ballach.

Ein großer Dank gilt den Korrektoren und Testlesern, die maßgeblich zur Verbesserung der Qualität beigesteuert haben: Martin Semmler, Markus Schmidt, Markus Reiter, Stefan Paßvogel, Alexander Schwarz, Barbara Proksch und Sanny Schmid.

Zusätzlich möchte ich meiner Agentin Vera Schneidereit für ihr Engagement danken.

Weiterhin danke ich meinen Eltern, dass sie sowohl mein Studium als auch mein Studienwechsel und mein Auslandssemester unterstützt haben. Ohne sie hätte ich viele wichtige Erfahrungen nicht machen können.

Zuletzt danke ich dem Springer Gabler Verlag für die freundliche und produktive Zusammenarbeit.

Inhaltsverzeichnis

Teil I Vor dem Studium

1 So nimmst Du das Meiste aus diesem Buch mit 3
2 Studieren – willst Du das wirklich? 5
   2.1 Warum es hilft, Deine Motivation zu überprüfen 6
   2.2 Die Vor- und Nachteile eines Studiums 8
   2.3 Was Du im Studium sonst noch lernst 11
   2.4 Das Erfolgsgeheimnis zufriedener Studenten: Ziele 13
      2.4.1 Schnell zum Abschluss 15
      2.4.2 Ohne viel Aufwand durchs Studium kommen 15
      2.4.3 Mit guten Noten abschließen 16
      2.4.4 Unter den Besten abschließen 16
      2.4.5 Den Doktortitel erlangen 17
      2.4.6 Eine gute Arbeitsstelle finden 17
      2.4.7 Gründung eines Unternehmens oder der Weg
           in die Selbstständigkeit 18
      2.4.8 Herausfinden, was Du wirklich möchtest 18
3 Zur richtigen Zeit am richtigen Ort: die Wahl der Hochschule 21
   3.1 Welche Art Hochschule zu Dir passt 21
   3.2 Die perfekte Hochschule für Dich 24

Teil II Im Studium

4 Schnell zum Abschluss – so geht es 29
   4.1 Warum Du zügig fertig werden willst 29
   4.2 Wie Du Dein Studium in Rekordzeit beendest 30
      4.2.1 Wie Du Dein Studium optimal planst 30

		4.2.2	Welche Veranstaltungen sich lohnen	34
		4.2.3	Wie Du Deine Zeit richtig einteilst	38
	4.3	Die Konsequenzen eines Schnellstudiums	42
	Literaturverzeichnis	43

5 Wenig Aufwand, große Resultate 45
    5.1   Gute Gründe, das Studium locker und entspannt anzugehen . . . 45
    5.2   Wie Du locker durchkommst 46
    5.3   Die Konsequenzen eines minimalistischen Studiums 49

6 Der beste Weg zu guten Noten 51
    6.1   Warum Du sehr gut abschneiden möchtest 51
    6.2   Wie Du die optimalen Ergebnisse erzielst 52
        6.2.1   Wie Du Dich richtig auf Prüfungen vorbereitest 52
        6.2.2   Wie Du Klausureinsichten nutzt 60
    6.3   Wie Du gute Noten bei Unipraktika
         und Gruppenarbeiten bekommst 63
    6.4   Wie Du bei Abschlussarbeiten punktest 66
    6.5   Die Konsequenzen eines Topstudiums 68

7 So spielst du ganz oben mit 71
    7.1   Warum Du Dich von den andern abheben willst 71
    7.2   Wie Du ganz oben mitspielst 71
    7.3   Die Konsequenzen als Überflieger 75

8 So kannst du Stipendien einsammeln 77
    8.1   Wie Du die schriftliche Bewerbung meisterst 77
    8.2   Wie Du bei Bewerbungsgesprächen glänzt 79

9 Die Zwischenbilanz: das erste Studienjahr 83
    9.1   Ist Studieren überhaupt, das Studienfach
         und der Studienort das Richtige für Dich? 83
    9.2   Wann ein Studienwechsel sinnvoll ist 84
    9.3   Warum ein Studienabbruch kein Weltuntergang ist 85
    9.4   Wie Du mit sozialen Widerständen umgehst 86

10 Vorsicht vor den häufigsten Stolpersteinen 89
    Literaturverzeichnis 96

Teil III Studienende – was nun?

11 Master oder kein Master – das ist die Frage 99
    11.1 Wann sich ein Master lohnt und wann nicht 99
    11.2 Vertiefen oder verbreitern? 100

12 Der beste Weg zum Doktortitel 103
    12.1 Warum Du den Doktortitel haben willst 103
    12.2 Wie Du eine Stelle als Doktorand erhältst 104
        12.2.1 Promotion am Lehrstuhl einer Universität 106
        12.2.2 Promotion an einer Forschungseinrichtung 108
        12.2.3 Promotion im Unternehmen 108
        12.2.4 Externe Promotion 108
    12.3 Die Konsequenzen eines wissenschaftlichen Studiums 109

13 Traumjob leicht gemacht 111
    13.1 Warum Du als Angestellter
        eines Unternehmens arbeiten möchtest 111
    13.2 Wie Du Deinem Traumjob näher kommst 112
        13.2.1 Wo die Reise hingehen soll 112
        13.2.2 Wie Du für Unternehmen interessant wirst 114
        13.2.3 Wie Du zu Deiner Wunschstelle kommst 126
    13.3 Die Konsequenzen eines Karriere-Studiums 130

14 Selbstständigkeit oder Unternehmensgründung – so geht es 133
    14.1 Warum Du auf eigenen Beinen stehen möchtest 133
    14.2 Wie Du Dich richtig auf Dein Business vorbereitest 134
        14.2.1 Wie Du neben dem Studium selbstständig arbeitest 135
        14.2.2 Wie Du eine Unternehmensgründung durchführst 138
    14.3 Die Konsequenzen eines Gründerstudiums 147

15 So kannst Du herausfinden, was Du wirklich machen möchtest 149
    15.1 Warum Du das Studium als Zwischenstation nutzt 149
    15.2 Wie Du Deine Berufung findest 149
    15.3 Die Konsequenzen des Wissens um Deine Berufung 152

16 Literaturempfehlungen 153

Teil I
Vor dem Studium

So nimmst Du das Meiste aus diesem Buch mit

Glückwunsch! Du willst Dein Studium aktiv gestalten und Deine Ziele erreichen. Somit gehörst Du zu der deutlichen Minderheit der Studenten. Dieser Studienratgeber zeigt Dir, wie das geht. Ob Du die besten Noten oder die meiste Freizeit haben möchtest, hier findest Du die richtigen Tipps und Tricks. Dieses Buch unterstützt Dich dabei, Deine Studienziele zu erreichen. Allerdings solltest Du die Fähigkeiten, welche Dir das Buch vermittelt, auch anwenden, sonst hast Du Deine Zeit verschwendet. Und das willst Du doch nicht, oder? Ich empfehle Dir daher, Dir vorzunehmen, zumindest drei Tipps aus dem Buch umzusetzen. Dies kann bereits ausreichen, um einen gewaltigen Unterschied zu erreichen. Wenn Du mehr davon in Deinem Alltag einsetzt, kann es Dein Studium dramatisch zum Positiven verändern. Sei vorsichtig! Du lernst übrigens am schnellsten, wenn Du die hier vorgestellten Vorgehensweisen mit Deinen Kommilitonen gemeinsam diskutierst und umsetzt.

Keine Angst, Du brauchst das Buch nicht von vorne nach hinten durchzuarbeiten. Im Gegenteil! Ich empfehle Dir, mit den Kapiteln anzufangen, die Dich am meisten interessieren. Doch vorher beginnst Du mit Kap. 2, da dieses Dir einen guten Einstieg bietet. Danach suchst Du Dir die Kapitel heraus, die von Deinen Zielen handeln. Die anderen können Dir zusätzlich noch wertvolle Informationen geben, so dass es sich lohnt, sie ebenfalls zu lesen. Nichtsdestotrotz lege ich jedem das Kap. 10 ans Herz, da es beschreibt, wie Du die zahlreichen Stolpersteine in Deinem Studium umgehen kannst.

Nun wünsche ich Dir viel Freude beim Lesen und noch mehr Spaß beim Anwenden!

Studieren – willst Du das wirklich? 2

Zusammenfassung

In diesem Kapitel erfährst Du,

- warum es Dir hilft, Deine Motivation zu hinterfragen
- was die Vorteile eines Studiums sind
- was Du im Studium sonst noch lernen kannst und
- warum ein Studienwechsel oder -abbruch kein Beinbruch ist.

Nach dem Lesen dieses Kapitels hast Du ein besseres Verständnis für Deine Motivation und bist damit in der Lage, im nächsten Kapitel Deine Ziele zu bestimmen.

Warum studierst Du eigentlich? Du könntest doch stattdessen durch die Welt reisen, eine Ausbildung absolvieren, oder schon anfangen „richtig" zu arbeiten und Geld zu verdienen. Du hast Dich jedoch dafür entschieden, die nächsten drei bis acht Jahre (je nach Studiengang) dazu zu verwenden, Dich systematisch in ein Fachgebiet einzuarbeiten und alles zu machen und zu lernen, was die Prüfungsordnung Deines Studiengangs verlangt. Ist Dir das bewusst? Und – willst Du das wirklich?

Es gibt die unterschiedlichsten Gründe, warum Menschen studieren. Manche lieben ihr Fach und wollen alles darüber wissen; manche wollen lediglich einen guten Job und rechnen sich durch ein Studium stärkere Chancen, bessere Aufstiegsmöglichkeiten und einen höheren Verdienst aus. Andere wollen sich noch ein paar Jahre Zeit geben, bis sie voll ins Berufsleben einsteigen. Wieder andere studieren nur, weil ihre Eltern, Verwandten oder Freunde dies verlangen.

2.1 Warum es hilft, Deine Motivation zu überprüfen

Um schnell und erfolgreich studieren zu können, ist es jedoch sehr wichtig, zu wissen, was Dich im Studium antreibt. Wenn Du nur studierst, weil andere es von Dir erwarten, wird es für Dich schwirig sein, kontinuierlich Motivation aufzubringen und gute Noten zu schreiben; Du musst Dich wahrscheinlich eher zwingen, Dich längere Zeit mit dem Prüfungsstoff zu befassen. Jemand, der das Fach liebt, hat es dagegen deutlich leichter und wird mit weniger Aufwand bessere Ergebnisse erzielen. Darum solltest Du Deine eigene Motivation kennen, um Dein Verhalten zu verstehen und gegebenenfalls gezielt ändern zu können.

Dabei hilft folgende Übung:

Nimm Dir etwas Zeit und schreibe die Gründe bzw. Motivationen auf, warum Du studierst und genau diesen Studiengang gewählt hast. Das wird Dir helfen, Dich selbst und Deine momentane Situation im Studium besser zu verstehen. Die meisten Studenten nennen mehrere Gründe bzw. Motivationen, wobei in vielen Fällen einige wenige überwiegen. Zur Anregung sind im Folgenden ein paar häufige Antworten aufgeführt. Du kannst diejenigen ankreuzen, die auf Dich zutreffen und am Ende die Liste um weitere Motivationen ergänzen. Bitte sei ehrlich! Die einzige Person, die Du hier betrügen kannst, bist Du selbst. Wenn Du magst, kannst Du auch Prioritäten setzen. Für Deine wichtigste Motivation schreibst Du eine Eins dahinter, für die zweitwichtigste eine Zwei usw.

- Das Fach hat mich immer schon interessiert und ich will so viel wie möglich darüber wissen. ☐
- Meine Eltern, Verwandten, Freunde oder/und Lehrer wollen oder erwarten, dass ich studiere. ☐
- Ich will einen akademischen Titel haben. ☐
- Ich will später Karriere machen bzw. viel Geld verdienen. ☐
- Ich will etwas machen, dass meinen Stärken entspricht. ☐
- Für meinen Traumberuf ist ein abgeschlossenes Studium erforderlich. ☐
- Meine Freunde studieren auch alle, da möchte ich nicht doof dar stehen. ☐
- Ich war in dem Fach in der Schule immer gut, deshalb ist es klar, dass ich es jetzt studiere. ☐
- Ich will mir oder anderen beweisen, dass ich es drauf habe. ☐
- Ich habe keine Ahnung, was ich sonst machen soll. ☐
- Ich habe die Zeit in der Schule sehr genossen und möchte dieses Leben voll Unbeschwertheit noch ein wenig verlängern. ☐
- Ich möchte mich selbstständig machen oder ein eigenes Unternehmen gründen und brauche dafür spezielle Fachkenntnisse. ☐

2.1 Warum es hilft, Deine Motivation zu überprüfen

Eigene Gründe:

_____
_____
_____
_____
_____
_____
_____

> **Beispiel**
> **Wie mich die falsche Motivation behindert hat**
> Als Beispiel darf ich Dir verraten, was mich zum Studium motiviert hat: Meinen Eltern, Verwandten und Lehrern war schon immer klar, dass ich studieren würde, weshalb ich mir auch nie über eine Alternative Gedanken gemacht habe. Aus meiner heutigen Sicht habe ich damit grob fahrlässig gehandelt, doch damals wusste ich es nicht besser. Des Weiteren hat mich Informatik schon immer sehr interessiert und ich hatte in der Schule stets sehr gute Noten in diesem Fach. Außerdem habe ich viel von erfolgreichen Leuten aus der Informatikbranche gehört, die ein eigenes Unternehmen gegründet bzw. sich selbstständig gemacht haben (beispielsweise Bill Gates oder Steve Jobs).
> Somit war ich von Anfang an der Meinung, dass Informatik das optimale Fach sei, um den Traum vom eigenen Unternehmen zu verwirklichen. So habe ich mich für dieses Studium entschlossen. Im Nachhinein hat sich das als Fehler herausgestellt und zu den Strapazen eines Studienwechsels geführt. Das Informatikstudium war für mich als sehr praxisbezogener Mensch zu theoretisch und zu weit weg von der Anwendung. Ich hätte lieber ein Fach wählen sollen, dass meinen Stärken mehr entspricht.

Wie Du Dir vielleicht denken kannst, sind einige Motivationen dabei hilfreich, Dein Studium schnell und erfolgreich abzuschließen, andere sind hinderlich. Wenn Du studierst, damit Du Deinen Traumberuf ausüben kannst oder Dir beweisen möchtest, dass Du ein Studium erfolgreich abschließen kannst, ist dies ein guter Ansporn, die nötige Energie aufzuwenden. In diesem Fall bist Du von innen heraus motiviert. Wenn jemand den Sinn Deines Studiums anzweifelt, würdest Du ihn mit Argumenten, die mit „ich" anfangen überzeugen: „Ich liebe dieses Fach!" oder „Ich will einen anerkannten Titel!".

Andere Motivationen werden Dir von außen diktiert und Du wirst sie wahrscheinlich aus der Perspektive eines Anderen formulieren: „Meine Eltern erwarten, dass ich mein Studium erfolgreich abschließen" oder „Wenn ich nicht erfolgreich studiere, werde ich mit Sicherheit später kein Geld verdienen." Diese Motivationen kommen aus der Angst heraus. Du könntest Dich davor fürchten, dass Dich Deine Eltern weniger lieben, wenn Du nicht studierst oder dass Du keinen angemessenen Arbeitsplatz bekommst. Die Angst kann Dir zwar helfen, das Studium durchzuziehen, jedoch ist sie eher im Weg, wenn Du schnell und erfolgreich studieren möchtest. Dafür brauchst Du vielmehr sehr viel Vertrauen in Dich selbst.

Den Unterschied zwischen innerer und äußerer, der so genannten intrinsischen und extrinsischen Motivation, kannst Du Dir mit einem Beispiel aus der Kindheit verdeutlichen: Wann ist es Dir leichter gefallen, Dein Zimmer aufzuräumen? Wenn Deine Eltern Dich verdonnert haben (äußere Motivation) oder Du es selbst in Deinem „Schweinestall" nicht mehr ausgehalten und daher das Bedürfnis zum Aufräumen gespürt hast (innere Motivation)? Die Antwort liegt auf der Hand.

In der vorigen Aufgabe hast Du herausgefunden, was Dich motiviert. Markiere die Motivationen, die aus Dir kommen, mit einem „I" für innere Motivationen und die, die Dir von außen diktiert wurden, mit „A" für äußere Motivationen. Danach zähle bitte zusammen, wie viele „A" und „I" Du gesammelt hast und trage sie hier ein:

I (innere Motivationen): _____

A (äußere Motivationen): _____

Im Normalfall hast Du sowohl innere als auch äußere Motivationen angegeben. Wenn die inneren Motivationen die äußeren deutlich überwiegen (nicht in der Anzahl, sondern auch von der Bedeutung her), dann bist Du schon jetzt auf einem guten Weg und wirst keine Probleme haben, Dich weiterhin für Dein Studium zu motivieren. Andernfalls kann es sinnvoll sein, noch mal zu überdenken, ob Du dieses Studium wirklich willst.

2.2 Die Vor- und Nachteile eines Studiums

Ein Studium hat sehr viele positive Seiten, wie beispielsweise:

- **Selbstbestimmung durch freie Zeiteinteilung**: Bei den meisten Studiengängen kannst Du frei wählen, welche Fächer Du im Semester belegst und ob Du die

2.2 Die Vor- und Nachteile eines Studiums

einzelnen Vorlesungen besuchst oder am Ende nur die Klausur mitschreibst. So kannst Du selbst steuern, wie viel Freizeit Du haben möchtest. Bei einer Festanstellung in einer Firma ist das meist nicht möglich. Während eines Studiums kannst Du nebenbei arbeiten, ein zeitintensives Hobby ausüben oder Dich entscheiden, einen Sommer ausgiebig am Strand oder am See zu genießen. Zusätzlich kannst Du ein bis zwei Urlaubssemester einlegen, z. B. um ein längeres Praktikum zu absolvieren oder ein Semester im Ausland zu verbringen.

- **Neue Kontakte und Freundschaften:** Es ist nirgends so einfach, neue Leute kennenzulernen wie im Studium. Das Angebot an Studentenpartys scheint unbegrenzt, so dass Du immer die Möglichkeit hast, andere Studenten kennen zu lernen. Auch gibt es viele Veranstaltungen außerhalb der Universität, wie beispielsweise Skiwochenenden, die entweder über die Fachschaften oder von privaten Anbietern organisiert werden. Diese sind eine tolle Gelegenheit, Deinen Freundeskreis zu erweitern. Bei den Vorlesungen und Seminaren triffst Du zudem Leute mit ähnlichen Zielen und Interessen, Ihr macht ähnliche Erfahrungen, schlagt Euch wahrscheinlich mit vergleichbaren Problemen herum – kurz: Zusammen mit Deinen Kommilitonen gehst Du durch Dick und Dünn. Neben der gegenseitigen Unterstützung kann diese gemeinsame Zeit die Basis für lebenslange Freundschaften sein.
- **Abwechslung:** Im Studium hast Du die Möglichkeit, Dich mit ganz unterschiedlichen Themengebieten auseinanderzusetzen. So kannst Du durch Seminar-, Bachelor- und Masterarbeiten in genau die Themen tiefer einsteigen, die Dich besonders interessieren, und gezielt Fachwissen in bestimmten Bereichen aufbauen. Erweitern kannst Du dies zusätzlich durch von den Universitäten meist kostenlos angebotene Sprachkurse oder Softskill-Seminare – Langeweile also ausgeschlossen!
- **Zusatzprogramme:** Je nach Hochschule bzw. Universität werden die unterschiedlichsten Zusatzprogramme angeboten. Dies reicht von unternehmerischen Förderprogrammen über Kurse für das korrekte wissenschaftliche Arbeiten bis hin zu studentischen Unternehmensberatungen. Auf diese Weise kannst Du – meist kostenlos – weitere Fähigkeiten und Fertigkeiten erwerben und Dich noch besser auf das zukünftige Berufsleben vorbereiten. Im Lebenslauf machen solche Zusatzqualifikationen ebenfalls einen guten Eindruck.
- **Lange Ferien:** So lange Ferien wie im Studium findest Du nur in den wenigsten Berufen. Je nach Studium hast Du jedes Jahr zwischen ein und vier Monaten frei. Das gibt Dir die Möglichkeit, Praktika zu machen, eine längere Urlaubsreise anzutreten oder einen Job anzunehmen. Dies gilt allerdings nicht für alle Studiengänge: Bei manchen liegen die Prüfungen leider so ungünstig am Ende der Semesterferien, dass die Studenten ihre Ferien zum Lernen benötigen und

nicht für Freizeit oder Jobben nutzen können. In vielen Studiengängen kannst Du jedoch die Ferien noch um ein bis zwei Wochen verlängern, da in den ersten beiden Vorlesungswochen erfahrungsgemäß noch nichts Relevantes gelehrt wird. Denk jedoch bitte daran, Dich rechtzeitig für Seminare und Übungsgruppen anzumelden.

- **Auslandsaufenthalte**: Während des Studiums ist es verhältnismäßig unkompliziert, für eine bestimme Zeit ins Ausland zu gehen. Mit einem Studentenvisum wird Dir meist ein längerer Auslandsaufenthalt genehmigt. Die Möglichkeiten sind dabei sehr vielfältig, da Hochschulen und Universitäten heutzutage an unterschiedlichen Partnerprogrammen teilnehmen. Zudem werden oft kostenlose Sprachkurse angeboten, die es Dir gestatten, auch nicht-englischsprachige Länder zu besuchen. Als Student kannst Du das neue Land ausführlich erkunden und dessen Kultur erfahren. Dafür hast Du in einem Auslandsstudium mehr Zeit als bei einem Auslandsjob oder bei einem -praktikum. Du lernst hier sehr schnell einheimische Studenten und damit Gleichaltrige kennen, mit denen Du etwas unternehmen und so die Kultur besser kennen lernen kannst.
- **Studentenrabatte**: Als Student bekommst Du bei vielen Gelegenheiten eine Ermäßigung. Darunter fallen Zug- oder U-Bahntickets, Kinobesuche, Kontoführungsgebühren, Mobilfunkverträge, Restaurantpreise, Laptops und noch vieles mehr. Hier sind lediglich etwas Recherche und der Mut, nachzufragen, notwendig. Wenn Du die Ersparnis dann einmal zusammen rechnest, hast Du damit die gleiche Kaufkraft wie so mancher Berufseinsteiger. Mir ist das erst richtig bewusst geworden, als ich meinen Studentenstatus verloren habe und plötzlich überall den vollen Preis bezahlen musste.
- **Höhere Chancen auf einen Arbeitsplatz**: In Deutschland bekommen nach wie vor Akademiker wesentlich leichter eine Arbeitsstelle als Nicht-Akademiker. Teilweise ist sogar ein Bachelor- oder Master-Abschluss oder sogar eine Promotion dafür die Voraussetzung. Auch liegen die Gehälter von Akademikern meist deutlich höher als von Personen, die nicht studiert haben. Ein abgeschlossenes Studium kann Dir also konkret helfen, einen guten Arbeitsplatz mit einem angemessenen Gehalt zu bekommen.
- **Lerne das, was Dir Spaß macht**: Im Studium hast Du die beste Möglichkeit, viel auszuprobieren und Dich zu orientieren. Das ist die beste Grundlage dafür, später die richtige Berufswahl zu treffen.

Natürlich müssen nicht alle der genannten Vorteile auf Dein Studium bzw. auf Deine Hochschule oder Universität zutreffen. Sie sollen Dir als Anregung dienen. Wahrscheinlich fallen Dir noch eine Menge Weiterer ein. Was denkst Du nun? Ist Studieren etwas für Dich? Wie sieht es nun mit Deiner Motivation aus?

Jedoch ist nicht alles Gold, was glänzt. Ein Studium kann auch ein paar unschöne Aspekte beinhalten, die Du Dir vorher bewusst machen solltest:

- **Finanzielles Risiko**: Der Hauptnachteil eines Studiums ist, dass man dabei noch kein Geld verdient. So sind die meisten auf ihre Eltern oder BAföG angewiesen und werden wahrscheinlich nebenbei jobben. Insofern ist der Lebensstandard eines Studenten meist deutlich niedriger als beispielsweise eines Auszubildenden. Manche sind beim Studium auf Studentenkredite angewiesen, die danach zurückbezahlt werden müssen. Das Studium ist oft eine Zeit des Verzichts: Man wohnt in einer kleinen Wohnung, und große Urlaube sind selten drin.
- **Keine Erfolgsgarantie**: Ein Studium erfordert viel Disziplin und Durchhaltevermögen und längst nicht jeder schafft es. Sich drei bis fünf Jahre mit einem Fach zu beschäftigen ist eine Herausforderung, für die nicht jeder gemacht ist. Und selbst wenn man das Studium schafft, ist es längst noch keine Garantie dafür, dass man auch einen Arbeitsplatz findet.
- **Fokus auf Theorie**: Je nach Art des Studiengangs liegt der Fokus mehr oder weniger auf theoretischen Aspekten. Damit wird man einen Großteil der gelernten Erkenntnisse niemals in der Praxis anwenden können. Insofern erwirbt man das Wissen teilweise nur, um eine Prüfung zu bestehen. Hinzu kommt, dass man im Studium auch oft Fächer belegen muss, die einen nicht interessieren.
- **Hoher Leistungsdruck**: Im Studium musst Du meist sehr viel Lernstoff in kurzer Zeit bewältigen und dabei noch gute Noten schreiben. Um konkurrenzfähig zu bleiben, solltest Du zusätzlich noch mindestens ein Praktikum und ein Auslandssemester absolvieren und am besten noch neben Englisch eine weitere Fremdsprache lernen. Dies kann viel von Dir abverlangen und aus dem Studium eine sehr anspruchsvolle Zeit machen.

Dies soll Dich auf keinen Fall von einem Studium abhalten. Es ist nur wichtig, für Deine Entscheidungen beide Seiten der Medaille zu kennen.

2.3 Was Du im Studium sonst noch lernst

Zusätzlich zu den genannten Vorteilen eines Studiums kannst Du Dir bewusst machen, welche Fähigkeiten Du im Studium erwerben kannst und wie diese Dir im weiteren Verlauf Deines Lebens sehr nützlich sein können:

- **Lernfähigkeit**: Im Studium wirst Du von der ersten Sekunde an gefordert, möglichst viele Dinge in kurzer Zeit zu lernen. Dadurch wirst Du zwangsläufig eigene

Strategien entwickeln, wie Du am schnellsten lernst und Dinge am besten behältst. Dadurch, dass Du über einen sehr langen Zeitraum das Lernen übst, wirst Du automatisch besser werden. Gerade im Beruf kann Dir das später sehr nützlich sein oder auch, wenn Du Dir ein neues Hobby zulegen möchtest. Außerdem ist es in unserer schnelllebigen Zeit besonders wichtig, sich auf Veränderungen flexibel einstellen zu können. Überlege nur mal, wie schwierig es heutzutage für Menschen ohne Computererfahrung ist, eine passende Stelle zu finden. Wir wissen noch nicht, welche weitreichenden Innovationen in den nächsten Jahrzehnten auf uns zukommen. Eins ist jedoch sicher: Eine gute Lernfähigkeit ist der Schlüssel, um gelassen mit ihnen umgehen zu können.

- **Selbstmanagement**: Ein Studium verlangt einen hohen Grad an Selbstmanagement. Du kannst selbst entscheiden, welche Veranstaltungen Du wann belegst und wie Du diese angehst. Im Prinzip ist jede Veranstaltung wie ein kleines Projekt: Zu Beginn werden die Rahmenbedingungen festgelegt (z. B. Art und Prüfungstermin), Du überlegst Dir eine Lernstrategie, führst diese durch und schließlich beendest Du das „Projekt" durch eine Prüfung. Allerdings hast Du in den seltensten Fällen nur eine Veranstaltung pro Semester, sondern belegst eine ganze Reihe davon. Mit der Zeit entwickelst Du die nötige Erfahrung, um all dies unter einen Hut zu bekommen. Dabei lernst Du, wie Du am besten planst und wie Du mit vielen Belastungen gleichzeitig umgehst. Diese Fähigkeit kannst Du später auch in vielen Berufen einsetzen.
- **Teamfähigkeit**: Mit der Umstellung auf Bachelor- bzw. Master-Studiengänge finden sich immer mehr Veranstaltungen im Studienplan, bei denen Aufgaben oder Projekte in Gruppenarbeiten gelöst werden dürfen oder sogar müssen. Dadurch lernst Du, wie Du mit den unterschiedlichsten Menschen zusammenarbeiten kannst, wie Du Projekte mit mehreren Personen richtig durchführst und wie Du mit Konflikten in einem Team umgehst. Der Vorteil im Studium ist, dass Ihr ein sofortiges Feedback zu Eurer Arbeit in Form von Noten erhaltet und somit einschätzen könnt, ob die Arbeit erfolgreich war. Eine weitere Möglichkeit, die eigene Teamfähigkeit zu verbessern, ist es, eigene Lerngruppen zu gründen. In einer Lerngruppe wird jeder Themenaspekt von einem Teilnehmer aufbereitet und an die anderen weitergegeben. Hierbei kannst Du Dein didaktisches Talent ausprobieren und verfeinern, indem Du Anderen etwas beibringst. Gut in einem Team arbeiten zu können, ist in vielen Berufen eine der wichtigsten Qualifikationen überhaupt, und entscheidet häufig darüber, wer in einem Unternehmen befördert wird.
- **Durchhaltevermögen und Motivationsfähigkeit**: Mit einem abgeschlossenen Studium beweist Du die Bereitschaft, auch bei einem längeren Projekt am Ball zu bleiben. Jedem ist klar, dass das nicht immer Spaß machen kann und Du da-

bei sicherlich auch ein paar Rückschläge (etwa durch das Nichtbestehen einer Prüfung) erlitten hast. Dich besonders bei Rückschlägen oder Misserfolgen weiter motivieren zu können, ist eine wertvolle Eigenschaft. Diese wird als einer der wichtigsten Erfolgsfaktoren gesehen: Gerade Spitzensportler erreichen ihre Siege dadurch, dass sie Jahre oder Jahrzehnte immer und immer wieder trainieren und auch weitermachen, wenn es nicht für eine Medaille gereicht hat.
- **Rhetorik**: Im Studium hast Du verschiede Möglichkeiten, Deine Redefähigkeit zu verbessern. Die klassischen Beispiele sind die Präsentationen der Ergebnisse Deiner Bachelor-, Seminar, oder Masterarbeiten. Dabei geht es nicht nur darum zu vermitteln, dass Du gute Ergebnisse erarbeitet hast, sondern dass Du diese auch ansprechend präsentieren kannst – und zwar vor einem anspruchsvollen Publikum. Nutze diese Chance oft und gezielt, um Deine Präsentationsskills zu schulen. Wenn Deine Professoren Dir nicht von selbst Feedback zu Deinem Vortrag geben, fordere es nach der Veranstaltung ein.

Dies sind die wichtigsten Zusatzqualifikationen, die Du im Studium erwerben bzw. verbessern kannst. Mit Sicherheit fallen Dir noch weitere Eigenschaften ein, die nützlich für Dich sein könnten. Schreibe sie Dir als zusätzliche Ziele auf und überprüfe von Zeit zu Zeit, was Du schon üben oder erreichen konntest.

2.4 Das Erfolgsgeheimnis zufriedener Studenten: Ziele

Nun, wo Du Deine Motivation für Dein Studium ergründet hast, ist es an der Zeit, Dir Ziele für Dein Studium zu setzen. Ziele sind die elementare Basis für ein schnelles und erfolgreiches Studium, da sie Dir eine Orientierung geben, auf die Du immer wieder zurückgreifen kannst.

Die Bedeutung von Zielen kannst Du Dir an folgender Metapher des französischen Philosophen Michel de Montaigne deutlich machen: „Kein Wind ist demjenigen günstig, der nicht weiß, wohin er segeln will." Wenn Du nicht weißt, was Du in Deinem Studium erreichen willst, wie kannst Du dann Entscheidungen treffen? Sollst Du lieber auf die Party gehen oder Dich noch intensiver auf die Prüfung vorbereiten? Sollst Du besser ein Semester im Ausland studieren oder ein Praktikum im Unternehmen machen? Sollst Du lieber mehr Fächer belegen oder die Stelle als Hilfswissenschaftler annehmen? Wenn Du Dir klare Ziele gesetzt hast, wirst Du mit solchen Fragestellungen nicht mehr hadern, da Du Dich für einen Weg entschieden hast. Bei jeder neuen Chance kannst Du sofort überprüfen, ob sie Dich auf Deinem Weg unterstützt oder davon abbringt. Das macht es Dir sehr viel leichter.

> **Beispiel**
> **So haben Ziele meinen Weg verändert**
> Vor meinem Studienwechsel hatte ich oft Schwierigkeiten, gute Entscheidungen zu treffen. Sollte ich mehr arbeiten (ich habe als Texter in einer Agentur für Suchmaschinenoptimierung gearbeitet) oder mich mehr auf das Studium konzentrieren? Sollte ich noch weiter lernen oder mit feiern gehen? Meistens habe ich mich für das Feiern entschieden, was sich leider deutlich auf meine Noten ausgewirkt hat. Nach dem Studienwechsel habe ich mich entschieden, ein Semester zu überspringen, um die verlorene Zeit wieder aufzuholen.
>
> Auch sagte mir die Studienberatung, dass es für mich kaum möglich wäre, noch in Regelstudienzeit fertig zu werden, und ich höchst wahrscheinlich ein bis zwei Semester verlieren werde. Als „Gegenbeispielsortierer" (jemand der leicht dadurch zu motivieren ist, dass man ihm sagt, dass er etwas nicht schafft) war das für mich die perfekte Motivation, allen zu zeigen, dass ich es doch fertigbringe. Dadurch war meine Priorität glasklar und ich habe mich voll und ganz auf das Studium konzentriert. Das Hadern war augenblicklich vorbei. Natürlich war die Konsequenz daraus, dass ich weniger Freizeit hatte.

Finde jetzt die Ziele, die für Dich richtig sind

Im Folgenden werde ich Dir einen Überblick über verschiedene Studienziele geben und sie erläutern. Ein Ziel kann sein, das Studium so aufzubauen, dass Du danach einen Job bei einer Unternehmensberatung oder eine Promotionsstelle bekommst. Jedem Studienziel liegen unterschiedliche Motivationen zu Grunde, und es ergeben sich auch die verschiedensten Strategien. Während es für die Bewerbung zur Promotion ein großer Vorteil ist, schon mal als wissenschaftliche Hilfskraft gearbeitet zu haben, wird eine Unternehmensberatung die Bewerber mit Praktika in der Branche bevorzugen.

> ▸ **Tipp**
> Es lohnt sich, früh im Studium die eignen Ziele festzulegen und den Studienalltag konsequent daran auszurichten.

Die Studienziele werden hier kurz angerissen, damit Du Dir einen Überblick verschaffen kannst. Sie werden einzeln in jeweils einem eigenen Kapitel erläutert.

2.4.1 Schnell zum Abschluss

Schnell zu studieren kann je nach Motivation und Studiengang etwas Unterschiedliches bedeuten. In manchen Studiengängen ist es eine große Leistung, das Studium in Regelstudienzeit abzuschließen, bei anderen ist es durch Fleiß und Ehrgeiz möglich, ein oder mehrere Semester früher fertig zu werden. Dazu ist eine sehr gute Planung des Studiums erforderlich, sowie die Fähigkeit, mit vielen Belastungen gleichzeitig umgehen zu können. Außerdem kann es Deine Freizeitaktivitäten deutlich einschränken.

Dafür bist Du früher fertig als die meisten Kommilitonen und kannst Dich dann bereits voll und ganz dem Arbeitsleben widmen oder Dich noch mal umorientieren. Motivationen können Dein Ehrgeiz, die Wettbewerbsbereitschaft, Deine finanzielle Situation oder auch Desinteresse am Fachgebiet sein. Wenn Dir Dein Studium keinen Spaß macht, Du es dennoch benötigst, ist es sinnvoll, es frühzeitig abzuschließen, damit Du Dich danach etwas Interesanterem widmen kannst.

> In Kap. 4 werde ich Dir erklären, wie Du Dein Studium richtig planst, welche Veranstaltungen Du besuchen solltest, und welche Du Dir sparen kannst und wie Du ein gutes Zeitmanagement für Dein Studium entwickelst.

2.4.2 Ohne viel Aufwand durchs Studium kommen

Einige studieren hauptsächlich, um noch länger eine schöne und unbeschwerte Zeit zu haben. Sie suchen sich dabei ein Fach aus, welches nicht allzu herausfordernd ist und durch das sie mit geringem Aufwand so „durchrutschen" können. Sie bereiten sich genauso lange auf eine Prüfung vor, dass es für die 4,0 reicht und kein Stückchen mehr. Den Hörsaal haben sie meist auch noch nicht so oft von innen gesehen, dafür sind sie auf jeder Studentenparty eingeladen und bis zum Schluss dabei. Die Motivationen dahinter sind meist Spaß, Bequemlichkeit und ein interessantes Leben zu führen. Meist steht auch ein externer Geldgeber dahinter, der das ganze „sponsort". Wer berufsbegleitend studiert, hat oft ähnliche Bedürfnisse. Sie sind ebenfalls bemüht, möglichst wenig Zeit in das Studium zu investieren.

> In Kap. 5 gebe ich Dir Anregungen, wie Du Dein Studium mit möglichst wenig Aufwand schaffen kannst. Du darfst selbst entscheiden, ob die vorgestellten Methoden für Dich vertretbar sind.

2.4.3 Mit guten Noten abschließen

Gute Noten bedeuten je nach persönlicher Präferenz und Studiengang etwas anderes. Der eine ist mit der 2,3 höchst zufrieden, der andere möchte unbedingt die 1,9 oder sogar die 1,0 haben. Für gute Noten ist eine exzellente Vorbereitung auf die Prüfungen sehr von Vorteil. Es kann sogar sinnvoll sein, etwas langsamer zu studieren, um in die Themengebiete tiefer einzusteigen und so weniger Fächer pro Semester zu belegen. So kannst Du Dich noch besser auf die einzelnen Prüfungen vorbereiten. Auch fordern gute Note ein gewisses Maß an Ausdauer und Disziplin.

Bist Du ein Semester lang nicht voll dabei, können Dir ein paar mittelmäßig gelaufene Prüfungen den Durchschnitt „versauen". Gute Noten können Dir vor allem bei hart umkämpften Berufen helfen und sind eine der Voraussetzungen, um einen Job in einer Top-Unternehmensberatung, Anwaltskanzlei oder eine Promotionsstelle an einer Top-Universität zu bekommen. Weitere Motivationen, um mit guten Noten abzuschließen, sind, Dir selbst etwas beweisen zu wollen bzw. die Anerkennung von Deinem Umfeld zu bekommen, aus der Masse herauszustechen und Deinen Ehrgeiz zu befriedigen.

▸ In Kap. 6 werde ich Dir aufzeigen, wie Du Dich optimal auf Prüfungen vorbereitest, bei Klausureinsichten richtig verhandelt und bei Gruppen- und Abschlussarbeiten am leichtesten gute Noten herausholen kannst.

2.4.4 Unter den Besten abschließen

Einige wollen innerhalb der besten 20, 10 oder 5 % abschließen oder sogar als die oder der Beste. Dieses Ziel ist „guten Noten" sehr ähnlich, mit dem Unterschied, dass hier die Konkurrenz eine große Bedeutung erhält. Wer gute Noten haben möchte, ist wahrscheinlich mit einem Abschluss mit 1,4 sehr zufrieden, auch wenn zehn Andere den Abschluss mit 1,3 gemacht haben. Der, der das Ziel anstrebt, zu den Besten zu gehören, wird allerdings in der gleichen Situation nicht begeistert sein. Um unter den Besten abzuschließen, ist es erforderlich, bei fast allen Prüfungen zum oberen Feld zu gehören. Das erfordert, ständig am Ball zu bleiben und stets alles zu geben.

Auch ist ein ständiges Überprüfen des Status erforderlich: Bist Du noch im oberen Feld oder darfst Du Dich für die nächsten Prüfungen mehr anstrengen. Die Motivationen sind denen der guten Noten sehr ähnlich: Unter den Besten abzuschließen öffnet möglicherweise die Tür zu einem Top-Unternehmen oder zu einer

Eliteuniversität. Besonders amerikanische Universitäten achten auf diese Kennzahl. Außerdem kann es Dir viel Anerkennung und Respekt einbringen und gibt Dir die Möglichkeit, Dich selbst zu beweisen. Allerdings besteht die Gefahr, dass das Studium zum knallharten Konkurrenzkampf ausartet, wenn mehrere als Beste oder Bester abschließen wollen.

> In Kap. 7 erläutere ich Dir, die Möglichkeiten, die es gibt, unter die Jahrgangsbesten zu kommen.

2.4.5 Den Doktortitel erlangen

Bei einer Promotion entscheidest Du Dich, für zwei bis fünf Jahre (je nach Stelle und Fachgebiet) an einem bestimmten, meist sehr eingegrenzten Fachgebiet zu arbeiten und Dich dabei wissenschaftlicher Methoden zu bedienen. Um eine Promotionsstelle zu bekommen, ist es sehr von Vorteil, wenn Du schon Erfahrungen im wissenschaftlichen Arbeiten vorweisen kannst. Dies kannst Du durch die Arbeit als studentische bzw. wissenschaftliche Hilfskraft im Studium belegen. Auch ist es wichtig, dass Deine Abschlussarbeiten (Bachelor- und Master-Arbeit bzw. für einige wenige noch Diplom, Magister-Arbeit oder Staatsexamen) gut gelungen sind.

Die Promotion kann Dir die Tür für eine weitere wissenschaftliche Karriere öffnen. Auch kannst Du mit dem Doktortitel in vielen Firmen bereits hoch in der Hierarchie einsteigen, selbstverständlich mit der entsprechenden Bezahlung. Bei einer Promotion am Lehrstuhl kannst Du das Studentenleben noch etwas verlängern; bei einer Promotion in einem Unternehmen wird Dir Deine Tätigkeit im weiteren Verlauf oft als Berufserfahrung anerkannt.

> In Kap. 12 gebe ich Dir Anregungen, wie Du Dein Studium so ausrichtest, dass Deine Chancen auf eine Promotionsstelle optimal sind.

2.4.6 Eine gute Arbeitsstelle finden

Für viele ist eine der wichtigsten Motivationen für den Abschluss eines Studiums, eine gute Arbeitsstelle zu finden. Das kann für jeden etwas anderes bedeuten: Karriere zu machen, einen sicheren Job zu haben oder einen Beruf auszuüben, bei dem man sich selbst verwirklichen kann. Fest steht, dass Du Dich im Studium schon gut auf Deinen Beruf vorbereiten kannst. Du hast die Möglichkeit, Praktika in der Branche zu machen, in der Du später arbeiten möchtest oder als Werkstudent schon langfristig Erfahrungen zu sammeln. Für die meisten Unternehmen ist Berufserfahrung, wie jüngste Studien belegen, wichtiger als gute Noten.

Auch kannst Du Dich in Deinen Seminar- und Abschlussarbeiten bereits mit Themen beschäftigen, die für Deinen gewünschten Beruf relevant sind und so in Bewerbungsgesprächen glänzen. Jobmessen, Unternehmenspräsentationen und Netzwerkveranstaltungen können zudem sehr hilfreich sein, um frühzeitig Kontakt mit potenziellen Arbeitgebern aufzunehmen.

> In Kap. 13 erkläre ich Dir, wie Du Dich bereits im Studium optimal auf einen späteren, interessanten Arbeitsplatz vorbereitest und somit die Weichen für eine steile Karriere stellst.

2.4.7 Gründung eines Unternehmens oder der Weg in die Selbstständigkeit

Dieses Ziel unterscheidet sich grundlegend von den anderen, da dabei das Studium als solches im Hintergrund steht. Es geht Dir wahrscheinlich mehr darum, die nötigen Fachkenntnisse zu erwerben oder Raum zu haben, um Deine eigenen Ideen auszuprobieren. Vielleicht ist in Deiner Branche der Titel auch notwendig, um ernst genommen zu werden. Im Studium hast Du in vielen Städten tolle Möglichkeiten, Dich in Richtung Unternehmensgründung weiterzubilden: So gibt es Businessplan-Seminare, Vortragsreihen von Unternehmern und Netzwerkveranstaltungen, bei denen Du andere Gründungsinteressierte kennen lernen kannst. Deine Motivationen umfassen dabei Selbstverwirklichung, ein selbstbestimmtes Leben zu führen, etwas Großes zu leisten oder die Welt verbessern zu wollen.

> In Kap. 14 erkläre ich Dir, wie Du Dich im Studium richtig auf eine Unternehmensgründung oder eine selbstständige Tätigkeit vorbereiten und die richtigen Kontakte knüpfen kannst.

2.4.8 Herausfinden, was Du wirklich möchtest

Wenn Du das Studium nutzt, um herauszufinden, was Du wirklich machen willst, setzt dies voraus, dass Du Dich noch nicht entschieden hast. Du benutzt das Studium als eine Art Zwischenstation, um noch mehr über Dich herauszufinden, bzw. zu entdecken, was Dir wirklich Spaß macht. Um dafür einen gesellschaftlich akzep-

2.4 Das Erfolgsgeheimnis zufriedener Studenten: Ziele

tierten Rahmen zu haben, hast Du das Studium gewählt. So hast Du, wann immer Dich jemand fragt, was Du beruflich machst, eine gute Antwort parat.

Auch musst Du Dir eventuell durch BAföG-Leistungen oder dem Geld Deiner Eltern oder Verwandten, solange Du studierst keine finanziellen Sorgen machen. Das ist völlig in Ordnung und ich kann Dir raten, möglichst viel auszuprobieren, egal ob durch Nebenjobs, Praktika, Auslandsaufenthalte und ähnliches. Du wirst schon etwas finden, was Dich erfüllt. Deine Motivation für das Studium liegt wahrscheinlich weniger darin, das Studium möglichst gut oder schnell abzuschließen, sondern darin, Dir Wissen anzueignen und neue Erfahrungen zu machen.

▸ In Kap. 15 gebe ich Dir Übungen an die Hand, die Dir dabei helfen, Dir darüber klar zu werden, was Du eigentlich machen möchtest.

Wie Du gesehen hast, sind die Ziele nicht Schwarz und Weiß. Sie können sich gegenseitig unterstützen und auch im Weg stehen. Wenn es Dein Ziel ist, eine gute Arbeitsstelle zu finden, ist es auch von Vorteil, gute Noten zu schreiben. Wenn Du allerdings Dein Studium voll auf eine Unternehmensgründung ausrichtest, hast Du es damit möglicherweise schwerer, eine Promotionsstelle zu finden, als wenn Du schon Erfahrung in diesem Bereich gesammelt hast. Ich empfehle Dir zunächst alle Kapitel von den Zielen zu lesen, die Du interessant findest. Danach kannst Du Dir überlegen, welche der Ziele Du angehen möchtest und wie Du sie unter einen Hut bekommst.

Zusammenfassung

- Beantworte Dir als Erstes die Frage, warum Du studierst. Dann wirst Du Dein eigenes Studienverhalten besser verstehen.
- Wenn Deine Motivation aus dem Inneren kommt, ist es leichter, im Studium erfolgreich zu sein, Freude an der Thematik zu entwickeln und auch schwere Zeiten durchzuhalten.
- Wenn Deine Motivation größtenteils von außen kommt, kannst Du sie durch innere Motivationsstrategien verstärken, indem Du Dich auf die Vorteile des Studiums für Dich ganz persönlich konzentrierst.
- Ein Studium hat nicht nur Vor-, sondern auch Nachteile. Wenn Du Dir das vorher klar machst, kannst Du Dir realistische Ziele setzen.
- Klare Ziele helfen Dir, im Studium gute Entscheidungen zu treffen.

3 Zur richtigen Zeit am richtigen Ort: die Wahl der Hochschule

Zusammenfassung

In diesem Kapitel werden die unterschiedlichen Studienoptionen erläutert

- Universität oder Fachhochschule
- Öffentlich oder privat
- Studium im Inland oder Ausland
- Duales Studium und Fernuniversität

3.1 Welche Art Hochschule zu Dir passt

Grundsätzlich hast Du zunächst einmal die Option, an einer Fachhochschule (heute oft auch University of Applied Science genannt) oder an einer Universität zu studieren. In einer Fachhochschule werden die Themen deutlich praktischer und berufsnäher vermittelt. Das bedeutet, dass du das Gelernte später im Beruf direkt umsetzen kannst. Dies sieht man oft schon an den Bezeichnungen der Studiengänge: Automobil Wirtschaftsingenieurwesen oder Konservierung und Restaurierung/Grabungstechnik lassen deutlicher auf den zukünftigen Beruf schließen, als beispielsweise ein Universitätsstudium Mathematik. Zu einer Ausbildung an Fachhochschulen gehören meist Praxisprojekte oder Abschlussarbeiten in Zusammenarbeit von Wirtschaftsunternehmen. Oft werden regionale Unternehmen mit in die Ausbildung eingebunden. Weiterhin ist das Fachhochschulstudium stärker verschult, als das in einer Universität. Das bedeutet, dass man weniger Freiheiten im Studium hat und sich stattdessen an einen strukturierten Ablaufplan hält. Die Abbruchquoten an Fachhochschulen sind allgemein niedriger, und die Studenten an der Fachhochschule werden im Durchschnitt früher fertig. Möchte man den Master an der Universität machen, hat man es schwerer. Oft fallen

Eignungsfeststellungsprüfungen an und es müssen Brückenkurse besucht werden. Bei einem hohen Studentenandrang werden oft Universitätsabsolventen bevorzugt. Auch bei der Promotion haben es Fachhochschulabsolventen nicht leicht, da nur Universitäten das Promotionsrecht besitzen. Die Studenten müssen daher beweisen, dass sie auch wissenschaftlich arbeiten können. In vielen Fällen müssen sie Fächer aus dem Universitätsstudium nachholen, um zur Promotion zu gelassen zu werden.

Bei einem universitären Studium ist das Ziel, das Fach mit allen seinen theoretischen Hintergründen zu verstehen. Dabei geht es nicht um die praktische Funktionsweise, sondern nur warum etwas funktioniert. Die Praxis bleibt dabei oft auf der Strecke, und vieles vom Studium wird man im späteren Beruf nicht anwenden können. Dafür ist man mit einem breiten Hintergrundwissen ausgestattet. Obwohl das Studium durch die Umstellung auf Bachelor- bzw. Master strenger reglementiert wurde, hat man in der Universität deutlich mehr Freiheiten, was die Fächerwahl und die Studiengestaltung anbelangt. So kann man seinen Interessen gut folgen und die Last zwischen den Semestern balancieren. Dadurch ist es auch leichter möglich, ein Auslandssemester einzulegen. Die Aufstiegschancen in Führungspositionen sind mit einem abgeschlossenen Universitätsstudium höher, da in diesen Kreisen ein Universitätsstudium vorgezogen wird. Auf der mittleren Managementebene macht es heute oft keinen Unterschied mehr.

Die nächste Frage, die Du Dir stellen darfst, ist, ob Du an einer öffentlichen oder staatlichen Institution studieren möchtest. Eine private Hochschule hat mehrere Vorteile. Durch die meist hohen Studiengebühren kann eine bessere Betreuung gewährleistet werden. Die Studenten werden in Kleingruppen unterrichtet, was ein starker Kontrast zu manchen Universitäten ist, deren Vorlesungen von 800 Studenten besucht werden. Auch sind Praktika und Auslandssemester direkt ins Curriculum integriert, so dass die Studenten es leichter haben, diese Chancen wahrzunehmen. Ein weiterer, großer Vorteil ist, dass Unternehmen direkt von den privaten Hochschulen rekrutieren und so eine höhere Prozentzahl der Absolventen sofort eine Anstellung findet. Meist ist das durchschnittliche Einstiegsgehalt deutlich höher als das der Absolventen an staatlichen Universitäten. Ein weiterer Vorteil ist die bessere Vernetzung mit der Wirtschaft. So haben es Absolventen von privaten Hochschulen möglicherweise einfacher, über ihr Netzwerk an gute Stellen zu kommen. Der Studienalltag an privaten Hochschulen ist im Vergleich sehr stressig und herausfordernd. So müssen die Studenten oft unter Zeitdruck arbeiten und sind dazu angehalten, sich über das Studium hinaus in Aktivitäten zu engagieren. So bleibt deutlich weniger Freizeit. Der Hauptnachteil eines Studiums an einer privaten Hochschule sind die hohen Kosten. Wenn die Eltern nicht über das nötige Kapital verfügen und bereit sind, es in den Nachwuchs zu investieren, fällt es schwer, dort zu studieren. Stipendien sind bislang nur in geringer Anzahl vorhanden, so dass es eine Herausforderung ist, sie zu erlangen. Manche Hochschulen bieten Kooperationen mit Banken an und ermöglichen es dadurch, dass Studenten einen Kredit für die Studiengebühren bekommen, den sie erst nach Beendigung des Studiums zurückzahlen müssen.

Eine weitere Option ist es, ein duales Studium durchzuführen. Das bedeutet, dass Du eine Ausbildung in einem Unternehmen und parallel dazu ein Studium an einer Hochschule absolvierst. Der Hauptvorteil davon ist, dass Du neben dem abgeschlossenen Studium auch eine abgeschlossene Ausbildung vorweisen kannst. So ist es leichter, in den Beruf einzusteigen. Weiterhin wirst Du während des Studiums bezahlt, was Dir finanzielle Unabhängigkeit verschafft. Der Nachteil an einem dualen Studium ist der hohe Arbeitsaufwand. Die Kombination von Studium und Ausbildung bringt eine doppelte Belastung mit sich. Zudem gibt es keine Semesterferien, sondern abgezählte Urlaubstage. Zumeist ist ein duales Studium nur an Hochschulen, nicht aber an Universitäten möglich.

Mit Deinem Studium bist Du nicht auf Deutschland beschränkt. Wenn Du willst, kannst Du überall auf der Welt studieren. Wichtig ist, dass Du klärst, ob Dein Abitur oder Deine Fachhochschulreife im Ausland anerkannt wird und ob Du ein ausreichend langes Visum bekommen kannst. Wenn Du nach Deutschland zurückkehren möchtest, solltest Du darauf achten, dass der Abschluss an Deiner Auslandsuniversität in Deutschland anerkannt wird. Ein Auslandsstudium ist ein großes Abenteuer. Du darfst Dich mit einer fremden Kultur und einer fremden Sprache auseinandersetzen. Außerdem bist Du wahrscheinlich am Anfang ganz auf Dich alleine gestellt. Somit bringt das Auslandsstudium ein höheres Risiko mit sich. Es kann nicht nur eintreten, dass Dir der Studiengang nicht gefällt, sondern eventuell gibt es Sprachbarrieren und Schwierigkeiten, sich in eine andere Kultur zu integrieren. Weiterhin kann ein Auslandsstudium eine große Investition bedeuten. In den meisten Ländern sind die Studiengebühren deutlich höher als in Deutschland. Allerdings besteht, wenn man sich rechtzeitig darum kümmert, die Möglichkeit, an Förderprogrammen teilzunehmen. Einige benutzen das Auslandsstudium, um dem Numerus Clausus zu entkommen. Sehr beliebt ist dabei das Fach Humanmedizin.

Weiterhin ist es möglich, an einer Fernuniversität zu studieren. Dabei kannst Du Dir Deine Zeit komplett selbst einteilen, nur die Klausuren musst Du an festgelegten Terminen absolvieren. Die Skripten bekommst Du zugeschickt und musst sie selbstständig bearbeiten. Dabei steht es Dir frei, jeden Tag dran zu arbeiten oder Dich erst kurz vor der Klausur damit zu beschäftigen. Deshalb erfordert ein Fernstudium einen hohen Grad an Disziplin und Zielorientiertheit. Ein weiterer Punkt beim Fernstudium ist, dass der soziale Austausch mit Kommilitonen fehlt, womit sich ein Studium einsam gestalten kann. Viele wählen ein Fernstudium, wenn sie aufgrund des Numerus Clausus nicht zu einem Präsenzstudium zugelassen wurden. An der Fernuniversität Hagen kann man beispielsweise Psychologe ohne einen vorgegebenen Notendurchschnitt studieren. Oft kann man Fernstudiengänge auch nebenberuflich durchführen.

3.2 Die perfekte Hochschule für Dich

Nun hast Du die verschiedenen Möglichkeiten eines Studiums kennen gelernt. Im Folgenden werden Anregungen gegeben, wann welche Option die richtige für Dich sein kann. Diese ersetzen in keinem Fall eine professionelle Studienberatung.

Zur Wahl Deines Studiums stellt sich zunächst die Frage, was Dir wichtig für Deine Zukunft ist. Wenn Du eine steile Karriere anstrebst, hast Du möglicherweise mit einem Studium an einer privaten Hochschule bessere Chancen. Der gute Ruf und das breite Netzwerk können Dir sehr dabei helfen, schnell die Karriereleiter hochzusteigen. Allerdings ist wegen der hohen Studiengebühren auch das gewisse Kleingeld erforderlich. Weiterhin werden nicht alle Fächer an privaten Hochschulen angeboten.

Möchtest Du lieber ein klassisches Studentenleben genießen, darfst Du Dich entscheiden, ob Du an einer Universität oder Fachhochschule studieren möchtest. Eine der wichtigsten Fragen dabei ist, ob Du Dich eher für die Theorie oder für die Praxis interessierst. Ist Letzteres der Fall, bist Du möglicherweise an einer Fachhochschule besser aufgehoben. Wenn Du Dich für eine wissenschaftliche Karriere entschieden hast, dann ist die Universität die richtige Wahl.

Ist es Dir sehr wichtig, sofort in Deinen Beruf einzusteigen, kann ein duales Studium für Dich die richtige Wahl sein. So kannst Du eine Ausbildung gleich mitmachen. Auch wirst Du bereits im Studium bezahlt.

Wenn Du ein Abenteuer erleben möchtest und Du Dich für Sprachen und andere Kulturen interessierst, ist ein Auslandsstudium wohlmöglich die richtige Wahl für Dich. Darüber solltest Du Dich rechtzeitig informieren, da Du Dich möglicherweise frühzeitig für Förderprogramme bewerben musst. Auch musst Du darauf achten, dass Du Dein Visum, sofern eines benötigt wird, rechtzeitig beantragst.

Möchtest Du ein Studium nur nebenbei oder berufsbegleitend machen, kann ein Fernstudium für Dich die richtige Wahl sein. Dies ermöglicht Dir die maximale Flexibilität. Auch kannst Du somit möglicherweise einem Numerus Clausus ausweichen.

Zusammenfassung

- Ein Studium an einer privaten Hochschule ermöglicht Dir optimale Karrieremöglichkeiten.
- Die Entscheidung Fachhochschule oder Universität hängt von Deiner Vorliebe zu Praxis oder Theorie ab. Für einen Promotionswunsch ist die Universität vorzuziehen.
- Ein duales Studium ermöglicht eine Kombination aus Ausbildung und Hochschulstudium.
- Ein Auslandsstudium ist ein Abenteuer und sollte daher rechtzeitig geplant werden.
- Ein Fernstudium ermöglicht Dir maximale Freiheiten und die Möglichkeit, den Numerus Clausus zu umgehen.

Teil II
Im Studium

Schnell zum Abschluss – so geht es 4

> **Zusammenfassung**
> In diesem Kapitel erfährst Du,
>
> - wie Du Dein Studium richtig planst
> - welche Veranstaltungen sich lohnen und
> - wie Du Deine Zeit optimal einteilst
>
> Wenn Du die vorgestellten Tipps konsequent anwendest, kannst Du Dein Studium verkürzen.

4.1 Warum Du zügig fertig werden willst

Warum kann es überhaupt sinnvoll sein, im Studium so viel Gas zu geben? Lohnt sich das bei all den Vorteilen der Studentenzeit? In der Tat zahlt es sich aus – hier kommen die Gründe:

- Das Studium ist für Dich nur Mittel zum Zweck: Du brauchst einen Abschluss, um den Job zu bekommen, den Du möchtest, oder um schnell an Dein Wunschgehalt zu kommen. Dir geht es also nicht um das Studium als solches, sondern vielmehr um das Ergebnis.
- Du bist sehr ehrgeizig und zielstrebig und willst zeigen, dass Du es drauf hast, aus der Menge herauszustechen. Vielleicht ist Dir auch der normale Studienbetrieb nicht herausfordernd genug oder Du willst zeigen, dass Du schneller als die anderen bist.
- Du glaubst, dass die äußeren Umstände (beispielsweise Freunde und Familie) Dich zum Studieren gezwungen haben. Darum denkst Du, dass du frei bist, wenn

Du das Studium erst mal hinter Dir hast. Deshalb willst Du diesen Zustand möglichst schnell erreichen.

- Du bist mit Deinem Studium nicht zufrieden, willst aus bestimmten Gründen jedoch nicht wechseln bzw. abbrechen. Darum möchtest Du es lieber schnell zu Ende bringen.

4.2 Wie Du Dein Studium in Rekordzeit beendest

4.2.1 Wie Du Dein Studium optimal planst

Wenn Du schnell studieren möchtest, reicht es nicht, wenn Du nur die Anzahl an Vorlesungen erhöhst. Eine sorgfältige Planung ist notwendig. Sonst folgt nach einem vollgestopften Wintersemester womöglich ein Sommersemester, indem Du kaum noch etwas belegen kannst. Plane daher nicht nur für ein Semester, sondern bereits das ganze Studium bis zum Ende durch. Überleg Dir genau, was Du in welchem Semester belegen möchtest. Berücksichtige in Deiner Planung besonders, dass einige Veranstaltungen nur jeweils im Sommer- oder im Wintersemester angeboten werden. Das kann Dir sonst ganz schnell den Plan durcheinander bringen.

> **Beispiel**
> Für mich hat es gut funktioniert, dass ich die Fächer auf die Semester gleichmäßig aufgeteilt habe (zwischen 40 und 45 ECTS Credit Points pro Semester bei einer Empfehlung von 30 ECTS). So war die Arbeitsbelastung konstant, aber erträglich. Außerdem habe ich so die Anzahl der Prüfungen ausgewogen halten können. In einem Semester nur Seminare ohne schriftliche Prüfungen zu belegen und im nächsten dann zwölf davon zu haben, ist nicht sinnvoll, denn das geht zwangsläufig an die Substanz. Eine Aufteilung in sechs schriftliche Prüfungen pro Semester ist besser.

Wie Du Wiederholungsklausuren nutzt

Ein guter Tipp, der in vielen Studiengängen funktioniert, ist das geschickte Einsetzen von Wiederholungsklausuren. Wenn man zu einer Klausur nicht erscheint, wird man in der Regel automatisch zur Wiederholungsklausur angemeldet. Diese liegt meist zwei Monate später als der ursprüngliche Klausurtermin. Diese „Fristverlängerung" habe ich gezielt genutzt: Anstatt acht Klausuren habe ich nur fünf oder sechs mitgeschrieben, zwei Monate später die restlichen zwei oder drei. So hatte ich genug Zeit, den Stoff der restlichen Fächer ausreichend zu lernen und konnte die Prüfungsphase damit stark entzerren. Dadurch konnte ich eine größere Anzahl von Fächern gleichzeitig belegen. Laut unserer Prüfungsordnung durften wir alle Prüfungen beliebig oft schreiben, so dass kein Risiko bestand. Mache Dich vorher über die genauen Regelungen in Deiner Studienordnung schlau. Wenn Du bestimmte Einschränkungen hast, dass Du eine Prüfung beispielsweise nur drei-mal ablegen darfst, solltest Du dieses Mittel nur sehr vorsichtig einsetzen.

Wie Du die zeitsparenden Veranstaltungen wählst

In vielen Studiengängen hast Du einen Wahlbereich, bei dem Du aus bestimmten Vorlesungen auswählen kannst. Wenn Du schnell studieren möchtest, macht es Sinn, diejenigen zu belegen, die am wenigsten Aufwand mit sich bringen. Um diese zu identifizieren, kannst Du Dich mit den Studenten aus höheren Semestern unterhalten. Die wissen genau, welche Vorlesungen am besten geeignet sind. In fast jedem Studium sind ein paar „geschenkte" Fächer dabei.

> **Beispiel**
> Ich konnte eine Veranstaltung wählen, zu der es keine Vorlesung gab. Der Professor hatte ein E-Book herausgegeben und das einzige, was der Student leisten musste, war zu der Klausur zu gehen und ein paar Stellen daraus möglichst genau wiederzugeben. So konnte ich ein Wahlpflichtfach innerhalb von ein paar Tagen abhaken. Andere mussten für die gleiche Prüfungsleistung an zwölf Vorlesungen mit Anwesenheitspflicht teilnehmen und noch eine Prüfung schreiben, die neben dem Auswendiglernen auch Verständnis der Materie verlangte. Es lohnt sich, sich genau zu informieren.

Der Austausch mit älteren Semestern kann weiterhin für die allgemeine Studienplanung sehr nützlich sein. Diese wissen, welches die herausfordernden Fächer sind und welche Fächer kaum Zeit beanspruchen. Es ist sinnvoll, dieses Wissen in Deine Planung einzubeziehen. Oft entspricht der tatsächliche Aufwand einer Veranstaltung nicht dem angegebenen. So hatte ich einige Pflichtfächer, deren Aufwand sehr viel höher und andere, bei denen er viel geringer war. Die Kommilitonen im höheren Semester können Dir meist verraten, welche Seminare und Studienpraktika sich lohnen und an welchen Lehrstühlen die Abschlussarbeiten am schnellsten abgeschlossen bzw. an welchen sie regelmäßig verlängert werden. Nutze dieses Wissen!

Warum Du Dich rechtzeitig für Deine Veranstaltungen anmelden solltest

Wichtig für ein schnelles Studium ist, dass Du Dich überpünktlich zu Deinen Praktika, Seminaren und anderen Veranstaltungen anmeldest. Nichts ist ärgerlicher, als wenn Du Dein Studium nicht so schnell abschließen kannst, weil Du keinen Seminarplatz mehr bekommen kannst. Auch kann es sein, dass Du auf Grund Deines vollen Studienplans nur an einem bestimmten Seminar oder an einer bestimmten Übungsgruppe teilnehmen kannst. Informiere Dich genau, wann Du Dich anmelden darfst und mache es dann umgehend. Falls Du trotzdem mal eine Anmeldung verpasst hast, kann es helfen, wenn Du persönlich zu Deinem Betreuer gehst und erklärst, dass Du wegen Deiner Situation nichts Anderes belegen kannst. Mit Glück macht er eine Ausnahme. Das funktioniert jedoch längst nicht immer.

Des Weiteren kann es sein, dass Du dadurch, dass Du nicht dem normalen Studienplan folgst, Überschneidungen von Pflichtveranstaltungen und/oder Klausuren bekommst. Daher ist es wichtig, dass Du Deinen Stundenplan schon frühzeitig zusammenstellst und solche Überschneidungen identifizierst. Diese teilst Du dann sofort Deinen Studiengangsverantwortlichen und auch den Professoren mit. Aus meiner Erfahrung ist es sehr hilfreich, auch den Professoren Bescheid zu geben.

Die Studiengangsverantwortlichen waren bei uns nicht sehr engagiert, eine Überschneidung aufzulösen, da diese beim normalen Studienplan nicht vorkommt. Ein Professor ist dagegen nicht erfreut, wenn ein Teil seiner Zuhörerschaft wegen einer Überschneidung die Vorlesung nicht besuchen kann und wird sich daher eher darum kümmern. Auch ist in vielen Universitäten das „Gewicht" bzw. die Durchsetzungskraft eines Professors deutlich höher als die eines Studiengangsbeauftragten. Das Amt wird oft durch einen Doktoranden oder eine extern eingestellte Person ausgefüllt. Das gleiche gilt, wenn es Überschneidung zwischen Klausuren gibt. Hier ist es sinnvoll, die Professoren sofort zu benachrichtigen. Wird die Überschneidung nicht aufgelöst, kann es sich lohnen, die universitätsinterne Rechtsberatung in Anspruch zu nehmen.

Beispiel

Wie ich mit einer Klausurüberschneidung einen riesigen Ärger hatte
Ich hatte in meinem Studium den Fall, dass zwei Klausuren zur gleichen Zeit geschrieben werden sollten. Sofort habe ich mich bei beiden Lehrstühlen beschwert. Leider war keiner der Lehrstühle bereit, den Klausurtermin zu verschieben. Die Begründung war, dass man für Klausuren mit einer hohen Anzahl von Teilnehmern keinen anderen Raum finden würde. So konnte ich eine der Klausuren nicht mitschreiben und wollte deshalb zu der Wiederholungsklausur antreten. Dies blieb mir jedoch zunächst verwehrt, da ich nicht an der ursprüng-

lichen Klausur teilgenommen hatte. Das war jedoch wegen der Überschneidung nicht möglich gewesen.

Ich bin danach zum Studiensekretariat gegangen und habe versucht den Fall zu klären. Als erste Aussage kam: „Ja, wenn sie zwei Klausuren zur gleichen Zeit schreiben und keiner der Lehrstühle die Klausur verschiebt, dann müssen Sie doch zur Rechtsberatung gehen. Das machen die MBA-Studenten genauso." Das hat mich ziemlich geschockt, und wenn noch mal so etwas vorgekommen wäre, hätte ich nicht gezögert, rechtliche Beratung in Anspruch zu nehmen. Nachdem ich mich mehrmals beschwert hatte, bekam ich einen Tag vor der Wiederholungsklausur eine E-Mail vom Professor, dass ich die Klausur doch mitschreiben dürfe. Ich habe mir von einem Freund die Zusammenfassung des Lernstoffs geliehen, damit die Nacht durchgelernt und mit 4,0 bestanden.

Warum Du Dich rechtzeitig mit Deiner Abschlussarbeit befassen solltest

Wenn Du Dein Studium schnell absolvieren möchtest, ist es empfehlenswert, Dich schon früh um eine Abschlussarbeit zu kümmern. Das setzt voraus, dass Du Dich an den Lehrstühlen über mögliche Arbeiten informierst und Dir ein Thema auswählst. Meist dauert der Prozess von der Themenwahl bis zum Beginn Deiner Arbeit ein bis zwei Monate. In dieser Zeit triffst Du Dich ein paar Mal mit Deinem Betreuer, Ihr grenzt das Thema ein und fixiert dies schriftlich. Bei uns war es so, dass der Professor, bevor man mit der Arbeit beginnen konnte, den Themenvorschlag erst unterschreiben musste. Auf diese Unterschrift durfte man ein bis zwei Wochen warten.

Ich kann Dir daher wärmstens ans Herz legen, Dich schon zwei bis drei Monate vor dem gewünschten Beginn Deiner Abschlussarbeit um ein Thema zu bemühen. So kannst Du sicherstellen, dass Du zeitnah anfangen kannst und nicht noch auf Formalitäten warten musst. Möchtest Du Deine Abschlussarbeit in einem Unternehmen schreiben, ist es ratsam, Dich noch früher damit zu befassen, da dann einiges an Formalien geklärt werden müssen.

Warum die Art Deiner Arbeit einen großen Einfluss auf die Dauer hat

Der Typ Deiner Abschlussarbeit kann maßgeblich dafür verantwortlich sein, wie schnell Du mit Deinem Studium fertig wirst. Während manche ihre Abschlussarbeit innerhalb von drei Monaten anfertigen, brauchen andere ein Jahr oder länger dazu. Doch woran liegt das? Es gibt verschiede Arten von Abschlussarbeiten, und man kann sie grob in die drei Kategorien theoretische, empirische und praktische Arbeiten unterteilen.

Theoretische Arbeiten sind meist am schnellsten zu bewerkstelligen, da es darum geht, die aktuelle Literatur in einen neuen Zusammenhang zu bringen. Du bist bei solch einer Arbeit nicht auf externe Faktoren angewiesen und kannst sie dadurch zügig beenden, wenn Du die nötige Energie dafür aufwendest.

Empirische Arbeiten können interessanter sein, da sie in vielen Fällen neue Erkenntnisse liefern. Beispiele empirischer Arbeiten können Expertenbefragungen oder Umfragen sein. Hier wird schon der Nachteil im Bezug auf den schnellen Abschluss deutlich. Du bist davon abhängig, die Meinungen anderer einzuholen. Möglicherweise darfst Du ein bis zwei Monate warten, bis Du den Termin bei den notwendigen Experten bekommst. Weiterhin kann es Dir passieren, dass Du nicht genügend Teilnehmer für Deine Umfrage bekommst. Dann musst Du eine neue Umfrage starten, was erneut Zeit in Anspruch nimmt.

Am schwersten abzuschätzen ist der Aufwand bei einer praktischen Arbeit. Für Informatiker kann diese die Entwicklung einer Software oder für Maschinenbauer die Erstellung eines Prototyps beinhalten. In diesen Fällen sind also zwei Elemente erforderlich: die Anfertigung eines Artefakts und die Dokumentation. Das macht deutlich, warum praktische Arbeiten meist länger dauern.

Durch eine geschickte Wahl der Art der Abschlussarbeit kannst Du Dein Studium also womöglich verkürzen. In machen Studiengängen ist es nicht erlaubt, die Arbeit vor der Frist abzugeben. Dies hindert Dich jedoch nicht daran die Arbeit schon vorzeitig fertigzustellen. Du hast dann Zeit, Dich in Ruhe zu bewerben, vielleicht eine Werkstudententätigkeit auszuüben oder Urlaub zu machen.

4.2.2 Welche Veranstaltungen sich lohnen

Wenn Du Fächer aus höheren Semestern vorziehst, ist es meist logistisch gar nicht möglich, alle Veranstaltungen zu besuchen. Diese werden sich überschneiden oder Du müsstest so viel Zeit in Vorlesungen verbringen, dass Du zu nichts anderem mehr kämst. Deshalb solltest Du Dir genau überlegen, ob Du Vorlesungen besuchst und falls ja, welche. Bei den Vorlesungen gibt es nämlich eine große Schwachstelle: Sie sind nicht an Dein persönliches Lerntempo angepasst.

Es besteht auch die Möglichkeit, dass die Vorlesung für Dich zu schnell abläuft. Der Professor setzt sehr viel voraus oder erklärt neue Themengebiete nicht ausreichend. In dem Fall wirst Du wohl nur wenig von der Vorlesung haben, da Du nach ein paar Minuten gedanklich aussteigst. Den Stoff musst Du Dir im Anschluss größtenteils selbst beibringen. Die Vorlesung kannst Du also bestenfalls dazu benutzen, um herauszufinden, was davon wichtig sein könnte.

4.2 Wie Du Dein Studium in Rekordzeit beendest

Der andere Fall ist, dass Dir die Vorlesung zu leicht ist, da der Professor auf simplen Zusammenhängen lange herumreitet oder nur die Folien vorliest. Wahrscheinlich schaltest Du auch hier nach einer Weile ab und beschäftigst Dich mit anderen Dingen. In diesem Fall ist es ebenfalls besser, wenn Du Dir den Stoff gleich selbst zu Hause erarbeitest, beispielsweise in dem Zeitfenster, in dem Du sonst in der Vorlesung wärst.

Natürlich ist es fair, die Professoren freundlich darauf hinzuweisen, wenn das Vorlesungstempo für die meisten Studenten unangemessen ist. Rede doch einmal mit Deinen Kommilitonen, wie es ihnen mit der fraglichen Vorlesung geht. Nur wenige Professoren sind gegenüber Feedback absolut resistent und nicht an dem Abschneiden Ihrer Studenten interessiert. Andere dagegen sind für die ehrliche Meinung ihrer Studenten äußerst dankbar und verbessern ihre Vorlesungen daraufhin deutlich. Mit ein bisschen Menschenkenntnis kannst Du schnell einschätzen, welcher Professor welcher Typ ist.

Es gibt noch einen dritten Fall, der eine Vorlesung nicht unbedingt sinnvoll erscheinen lässt: In der Vorlesung selbst wird der Stoff gar nicht behandelt. Stattdessen spricht der Professor über seine Forschungs- oder Industrieprojekte oder über seine persönlichen Erfahrungen. Dies kann zwar auch äußerst interessant sein, Du darfst Dich jedoch fragen, ob Du daraus etwas mitnehmen kannst. Für die Prüfungen wird es Dir wenig bis gar nichts nützen.

Der vierte Fall sind Vorlesungen zu Themen, zu denen der Professor ein Lehrbuch geschrieben hat. In der Vorlesung wurde lediglich Kapitel für Kapitel des Buches zusammengefasst. Lesen kannst Du auch zuhause! Bleibe dort, arbeite in der Vorlesungszeit das Werk durch und spare Dir so einiges an Zeit.

Ich möchte hier nicht empfehlen, zu keiner Vorlesung mehr zu gehen. Ich habe selbst hervorragende Vorlesungen von ausgezeichneten Professoren erleben dürfen, und es hat mir viel Spaß gemacht, diese Veranstaltungen zu besuchen. Meine Empfehlung ist daher, Dir genau zu überlegen, welche Veranstaltungen wirklich hilfreich sind. Oben habe ich die Fälle aufgezeigt, die weniger sinnvoll sein können und dies kann Dich bei Deiner Entscheidung unterstützen. Besonders, wenn Du schnell studieren möchtest, darfst Du um einiges kritischer mit Deiner Zeit umgehen und Aufwand und Nutzen der Vorlesung genau abwägen.

Beispiel

Warum ich manche Professoren gemieden habe

Ich hatte in meinem Studium einen Professor der absolut Feedback-resistent war und deutlich gezeigt hat, dass ihm der Student nichts wert ist. In einer Vorlesung hat er sich deutlich darüber beschwert, wie unfähig einer seiner studentischen Hilfskräfte ist. Das haben wir Studenten ihm in der Vorlesungsevaluation zurückgezahlt und überwiegend schlechte Noten verteilt. Er hat es uns wiederum zurückgegeben, indem er in der Klausur die absurdesten Fragen gestellt hat und so in einer Master-Klausur einen Notendurchschnitt von 3,7 erreicht hat. Das war der schlechteste Notendurchschnitt, den ich im Studium je erlebt habe. Bei so einem Professor gilt, dass Du seinen Lehrstuhl einfach meidest. Leider sitzt er am längeren Hebel.

Vorlesungstage, bei denen man unbedingt anwesend sein sollte

Auch wenn Du beschließt, bei einer Vorlesung mit Abwesenheit zu glänzen, empfehle ich Dir, am ersten und am letzten Tag im Semester dabei zu sein. In der ersten Vorlesung werden meist die Modalitäten bekannt gegeben sowie die Übungstermine, falls es solche gibt. In manchen Vorlesungen durften wir uns auf ausgehängten Listen in die Übungsgruppen eintragen. Wer dies verpasst hatte, musste notgedrungen die Übungsgruppen zu undankbaren Zeiten (z. B. Freitag 16 bis 18 Uhr) nehmen. In der letzten Vorlesung wurden bei uns meist noch Hinweise auf die anstehende Prüfung gegeben, so dass sich die Anwesenheit bezahlt gemacht hat.

Es ist nicht in allen Studiengängen möglich, in diesem Umfang flexibel zu handeln, manche geben starre Studienpläne vor oder die Anwesenheit ist in allen Veranstaltungen Pflicht. In manchen Vorlesungen gibt es auch kein Skript, so dass Du gezwungen bist, selbst mitzuschreiben. Das ist sehr schade, denn Untersuchungen haben belegt, dass die Konzentration dann beim Schreiben liegt und daher weniger Kapazität übrig ist, um den Stoff zu verstehen. Vielleicht kennst Du einen Kommilitonen mit einer gut lesbaren Schrift, der regelmäßig an der Veranstaltung teilnimmt. Dann kannst Du Dir seine Aufzeichnung kopieren.

Eine nette Alternative zum Besuch der Vorlesung sind Videomitschnitte, die in immer mehr Vorlesungen auf Plattformen wie Lecturio (www.lecturio.de) veröffentlich werden. Diese ermöglichen Dir, die Vorlesungen zu einer beliebigen Zeit zu Hause anzuschauen. Der Vorteil ist, dass Du irrelevante Inhalte wie Ankündigungen oder Fragen, auf die Du die Antwort schon kennst, überspringen kannst. Auch kannst Du die Vorlesung dann als reines Hilfsmittel nutzen, um Dir die Passagen im Skript, die Du noch nicht ganz durchschaut hast, noch mal erklären zu lassen. Falls Du nicht mitgekommen bist oder etwas genauer nachvollziehen möchtest, kannst Du das Video natürlich anhalten. Zusätzlich ist es Dir möglich, eine schwierige Passage mehrmals anzusehen. Du kannst mit den Videomitschnitten die Vorlesungen in Deinem eigenen Lerntempo durchgehen.

Warum Du Vorlesung nicht zum Socializing missbrauchen solltest

Ein Aspekt der Vorlesungen wurde bislang ausgelassen: das „Socializing". Viele Studenten benutzen die Vorlesungen hauptsächlich dazu, ihre Kommilitonen und

Freunde zu sehen. Die Vorlesung wird mit einem Mittag- oder Abendessen verbunden und auch innerhalb der Vorlesung hat man viel Zeit, sich auszutauschen. Dies ist jedoch wenig zielführend. Wenn Du Dich während der Vorlesung unterhältst, bekommst Du weniger bis gar nichts vom Stoff mit. Außerdem leidet Euer Gespräch. Auch die Unterhaltung ist intensiver, wenn Du Dich voll auf sie konzentrierst. Daher empfehle ich Dir, es gleich zu lassen. Wenn Du in der Vorlesung bist, dann konzentriere Dich voll und ganz auf sie. Wenn Du Dich mit Deinen Freunden unterhalten willst, dann triff Dich separat mit ihnen zum Essen oder auf einen Kaffee und widme Dich ihnen voll und ganz.

Dasselbe gilt übrigens auch für Laptops in der Vorlesung. Wer in der Vorlesung sitzt und seine E-Mails liest oder die ganze Zeit auf Facebook oder StudiVZ herumsurft, kann sich nicht vernünftig konzentrieren. Super Mario und andere Spiele während der Vorlesung bringen Dir zwar vielleicht den nächsten Highscore, helfen Dir aber sicher nicht beim Verstehen des Lernstoffs.

Es gibt noch einen letzten Aspekt, weswegen es sinnvoll ist, manche Vorlesungen konsequent zu besuchen: Wenn Du bei diesem Professor eine mündliche Prüfung zu bestehen hast. Manche Professoren merken sich sehr genau, wer bei ihnen in der Vorlesung war und lassen dies in die Note einfließen. In diesem Fall ist es auf jeden Fall dringend angeraten, die Vorlesung zu besuchen.

Wie Du Dich am besten um Bescheinigungen und das Rechtliche kümmerst

Wenn Du schnell studierst, wirst Du meiner Erfahrung nach viel mit dem Studiensekretariat bzw. mit dem Prüfungsamt in Berührung kommen. So brauchst Du an der Technischen Universität München eine Bescheinigung, wenn Du in Deinem Bachelor-Studium Kurse für Dein Master-Studium vorziehen möchtest. Eine Sache, die ich im Verlauf meines Studiums gelernt habe, ist, dass es besser ist, solche Angelegenheiten persönlich zu klären. Oft wurden meine E-Mails nicht oder nur sporadisch beantwortet und am Telefon konnte ich meine Anliegen auch nie vollständig klären. Stand ich jedoch persönlich vor der Tür, war das meiste innerhalb von Minuten geregelt.

Ich habe sehr gute Erfahrung gemacht, wenn ich freundlich zu den entsprechenden Mitarbeitern war. Diese sind es gewohnt, dass die Leute unhöflich zu ihnen sind und sich beschweren, dass die Arbeit zu lange dauert. Viele kommen auch zum Prüfungsamt, da sie irgendwelche Fristen verschlafen haben und lassen diesen Frust dann an den Mitarbeitern aus. Dies ist jedoch nicht fair, da diese nur ihren Job machen.

Hinzu kommt, dass meist so viele Anfragen hereinkommen, dass das Prüfungsamt die Arbeit kaum schafft. Des Weiteren müssen sich die Mitarbeiter mit immer neuen Prüfungsverwaltungs-Systemen und ständig veränderten Prüfungsordnungen herumschlagen. Entsprechend motiviert sind sie dann oft. Wenn Du freundlich auf sie zugehst, sie Deine Wertschätzung spüren lässt und Dich auch für Kleinigkeiten bedankst, wirst Du merken, dass plötzlich alles viel schneller gehen wird. Probier es einfach aus!

> **WICHTIG**
> Informiere Dich bitte genau, inwiefern es in Deinem Studiengang möglich ist, bestimmte Fächer vorzuziehen.

Möglicherweise ist es rechtlich nicht möglich, den Studienplan zu verändern und im schlimmsten Fall hast Du dann ein oder mehrere Fächer umsonst belegt. Oft gibt es beispielsweise Regelungen, dass Du die Bachelor-Arbeit erst schreiben darfst, wenn Du eine bestimmte Anzahl von ECTS Punkte gesammelt hast. Oder Du darfst aus dem Bachelor heraus Prüfungen aus dem Master erst mitschreiben, wenn Du Dir eine bestimmte Bescheinigung vom Prüfungsamt geholt hast. Ohne diese Bescheinigung sind Deine Prüfungsleistungen ungültig. Analysiere deshalb Deine Studien- und Prüfungsordnung genau, um herauszufinden was Du darfst und was nicht.

Wenn Du Dir bei gewissen Punkten nicht sicher bist, dann gehe unbedingt zur Studienberatung oder zum Studiensekretariat, um nachzufragen. Verlass Dich bitte nicht auf die Gerüchte, die im Umlauf sind. Ich bin auch zur Studienberatung gegangen, wenn ich mir in meinen Punkten relativ sicher war, nur um klar zu stellen, dass ich es auch richtig verstanden hatte. Nichts ist ärgerlicher, als wenn Du Prüfungsleistungen auf Grund von Formfehlern wiederholen musst.

4.2.3 Wie Du Deine Zeit richtig einteilst

Wenn Du schnell studierst, wirst Du immer wieder auf die Herausforderung stoßen, sehr viele Dinge innerhalb einer kurzen Zeit erledigen zu müssen. Dazu ist es sinnvoll, Dir ein paar Gedanken über Dein Zeitmanagement zu machen. Dieses unterteilt sich in Terminmanagement und Aufgabenmanagement. Das Terminmanagement beschäftigt sich damit, dass Du alle für Dich wichtigen Termine in einem Kalender erfasst, so dass Du immer im Überblick hast, wann die nächsten Fristen für die Seminararbeit oder die Prüfungstermine sind. Je nach Geschmack kannst Du einen Papier-Kalender oder einen elektronischen benutzen. Beim digitalen Kalender kann man die verschiedenen Ansichten wechseln (Tages-, Wochen-

und Monatsansicht) und ihn automatisch zwischen Laptop und Mobiltelefon synchronisieren.

Will man effizient planen, sollte man seinen Kalender immer dabeihaben. So kannst Du spontan neue Termine ausmachen und sofort überprüfen, ob Du an bestimmten Veranstaltungen teilnehmen kannst. Falls Du noch keinen Kalender führst, weil Du bisher denkst, dass Du Dir Deine Termine auch so merken kannst, besorg Dir mal einen und probiere es gezielt über ein Semester hinweg aus. Du wirst einen deutlichen Unterschied merken. Und spätestens, wenn Du Dich entscheidest, schnell zu studieren, wirst Du ihn definitiv brauchen.

Wichtiger als das Terminmanagement ist im Studium jedoch ein gutes Aufgabenmanagement. Dies beinhaltet, dass Du alle Deine Aufgaben, wie beispielsweise Dich zur Prüfung anzumelden, Dein Übungsblatt zu lösen oder das Beratungsgespräch fürs Auslandssemester auszumachen, fest im Blick hast, sie richtig priorisierst und dann abarbeitest. Schreibe dafür Deine Aufgaben nieder. Das hat gleich mehrere Vorteile: Zum einen läufst Du nicht Gefahr, dass Du etwas vergisst; Du kannst immer nachschauen, was noch offen ist. Zum anderen hilft es Dir, den Kopf frei zu bekommen. Sonst schwirren Dir abends beim Einschlafen noch die Gedanken durch den Kopf, dass Du am nächsten Tag unbedingt an diese oder jene Sache denken musst. Außerdem wird es Dir ein gutes Gefühl geben, wenn Du am Abend auf Deine Liste schaust und siehst, was Du alles geschafft hast.

Es gibt die unterschiedlichsten Systeme, nach denen Du Deine Aufgaben ordnen und priorisieren kannst. Zwei davon möchte ich Dir jetzt kurz vorstellen:

Wie Du mit dem „Master your workday now!"-System Deine Aufgaben in Griff bekommst

Dieses System wurde von Michael Linenberger entwickelt und ist in seinem Buch „Master your workday now!" beschrieben (vgl. Linenberger 2010, S. 17). Er schlägt vor, dass Du Deine Aufgaben in drei einzelne Bereiche unterteilst:

1. **Critical Now (bzw. zeitkritisch oder jetzt wichtig):** Das sind Aufgaben, die Du heute noch erledigen wirst. Als Faustregel gilt, dass Du hier nur Aufgaben aufzählst, bei denen Du keinesfalls schlafen gehen würdest, bevor sie nicht erledigt sind. Ein Beispiel ist, Dich für eine Prüfung anzumelden, weil es sich um den letzten Tag handelt, an dem das möglich ist. Eine andere solche Aufgabe kann das Fertigstellen eines Übungsblattes sein, das am nächsten Tag abgegeben werden muss. Die Aufgaben unter Critical Now solltest Du Dir mindestens einmal pro Tag anschauen und darfst sie jeden Tag neu bestimmen.

2. **Opportunity Now (bzw. aktuelle Gelegenheit oder Möglichkeit):** Hierbei handelt es sich um Aufgaben, die nicht unbedingt zeitkritisch sind, jedoch in

den nächsten zwei Wochen erledigt werden sollten. Darunter fällt zum Beispiel, einen Termin mit der Beratung für ein Auslandsstudium auszumachen. Wahrscheinlich macht es hier nicht viel Unterschied, ob Du damit einen oder mehrere Tage wartest, nur möchtest Du es innerhalb der nächsten zwei Wochen erledigen. Mit den Opportunity Now-Aufgaben fängst Du an, wenn Du für den Tag schon alle Deine Critical Now-Aufgaben abgearbeitet hast. Dann greifst Du Dir Aufgaben aus Deiner Opportunity Now-Liste heraus. Viele Opportunity Now-Aufgaben werden übrigens leicht zu Critical Now Aufgaben, wenn Du sie zu lange auf der Liste lässt. Der vorher genannte Termin mit der Beratung für ein Auslandsstudium kann zeitkritisch werden, wenn der Bewerbungsschluss immer näher rückt. In diesem Fall verschiebst Du sie direkt von der Opportunity Now-Liste auf die Critical Now-Liste.

3. **Over the Horizon (hinter dem Horizont bzw. in weiter Ferne)**: Hier sind Aufgaben gemeint, die in den nächsten zwei Wochen keine Relevanz haben, sondern denen erst in absehbarer Zeit Bedeutung zukommt. Etwa Dich über Themen für Deine Abschlussarbeit zu informieren, wenn Du die Abschlussarbeit erst in ein paar Monaten starten möchtest, gehört in diese Kategorie. In den meisten Fällen reicht es, wenn Du die Over the Horizon-Liste einmal pro Woche (beispielsweise jeden Sonntagabend) durchschaust. Die Aufgaben, die inzwischen relevant geworden sind, schiebst Du auf die Opportunity Now-Liste.

Und wie arbeitet man konkret mit den Listen? Ich nutze das System mit zwei verschiedenen Blättern: Das erste Blatt beinhaltet meine Critical Now-Liste und die Opportunity Now-Liste (jeweils eine halbe Seite). Jeden Abend schreibe ich die Listen neu und verschiebe bei Bedarf Aufgaben von der Opportunity Now- auf die Critical Now-Seite. So habe ich am nächsten Tag immer die aktuelle Übersicht, was jetzt gleich zu tun ist. Die Over the Horizon-Liste führe ich auf dem zweiten Blatt. Ich schaue sie mir jeden Sonntagabend an und verschiebe dann Aufgaben davon auf die Opportunity Now-Liste. Dadurch kann ich alle meine anstehenden Aufgaben gut im Blick behalten.

Wenn Du eine Aufgabe erledigt hast, ist es ein tolles Gefühl, diese auf der entsprechenden Liste abzuhaken. Ich markiere übrigens eine erledigte Aufgabe mit einem Textmarker, anstatt sie durchzustreichen. Das hat den positiven Effekt, dass ich am Ende des Tages in Farbe sehen kann, was ich alles erreicht habe.

Es stellt sich immer wieder die Frage, ob man die Listen besser auf Papier, auf dem Computer oder auf dem Handy verwaltet. Erfahrungsgemäß schreibt es sich auf Papier am schnellsten und man kann die Übersicht immer dabei haben. DIN-A7-Karteikarten bieten sich hier besonders gut an. Zusammengeklemmt passen sie wunderbar in die Hosentasche. Zudem kann man nach Belieben einzelne Karten austauschen. Und Papier hat den großen Vorteil, dass es wesentlich seltener vorkommt, dass mein Stift mal nicht mehr schreibt, als dass der Akku meines Mobiltelefons oder Laptops leer ist.

Wie Du mit der Most Important Tasks-Methode immer das Wichtigste erledigst

Wem das „Master your workday now"-System zu kompliziert ist, der kann sich an der Methode der Most Important Tasks orientieren. Diese besagt, dass Du Dir für jeden Tag die drei wichtigsten Dinge heraussuchst und auch erledigst. Du schreibst Dir abends oder morgens nur drei Dinge auf und achtest sehr genau darauf, dass Du sie ausführst. Um die Methode richtig anwenden zu können, darf ich Dir kurz das Eisenhower-Prinzip erläutern. Der frühere amerikanische Präsident Eisenhower untergliederte die Aufgaben nach den Kriterien wichtig bzw. unwichtig und dringend bzw. nicht dringend.

Eine dringende und wichtige Aufgabe ist beispielsweise, die Seminararbeit abzuschließen, wenn der Abgabetermin nahe ist. Dich um ein Thema für die Abschlussarbeit bemühen, ist eine Aufgabe, die wichtig ist, jedoch wohlmöglich nicht dringend. Ein Beispiel für eine dringende und unwichtige Aufgabe ist der Telefonanruf während des Lernens. In dem Moment ist es wichtiger, sich auf das Lernen zu konzentrieren. Eine unwichtige und nicht dringende Aufgabe wäre es, alle Deine Profile in sozialen Netzwerken zu kontrollieren und alle Nachrichten zu beantworten.

Viele legen den Fokus der Zeit auf die dringenden Aufgaben, egal ob sie wichtig oder unwichtig sind. Es wäre jedoch viel effektiver sich nur um die wichtigen Aufgaben zu kümmern, egal ob sie dringend sind oder nicht. Es ist also angemessen, die unwichtigen und dringenden Aufgaben wegzulassen und sich stattdessen auf die wichtigen und nicht dringenden Aufgaben zu fokussieren. Mit der Most Important Tasks Methode kannst Du das umsetzen, indem Du von den drei Aufgaben zwei wählst, die wichtig und dringend sind und eine, die „nur" wichtig und nicht dringend ist. So kannst Du sicherstellen, dass Du Deine Zeit Aufgaben widmest, die Dich weiterbringen.

Bedeutend für ein Aufgabenmanagement-System ist es, dass Du Dich darauf verlassen kannst. Es bringt nichts, wenn Du nur einen Teil der Aufgaben aufschreibst oder das System nur jeden zweiten oder dritten Tag benutzt. Dann kannst Du es auch ganz sein lassen. Den positiven Effekt erreichst Du nur, wenn Du bewusst und unbewusst weißt, dass Du Dich darauf verlassen kannst und dass es Dich insofern entlastet, dass Du Dich nicht mehr selbst an die Aufgabe erinnern musst, wenn Du sie einmal aufgeschrieben hast. Dies soll nun zu dem Thema Zeitmanagement genügen. Wenn Du Dich tiefer in das Thema einarbeiten möchtest, darf ich Dich auf das Kapitel „Literaturempfehlungen" am Ende dieses Buchs verweisen.

4.3 Die Konsequenzen eines Schnellstudiums

Die unmittelbare Konsequenz eines schnellen Studiums ist logischerweise eine kürzere Studiendauer. Das signalisiert anderen Ehrgeiz und Zielstrebigkeit und macht sich daher im Lebenslauf gut. Zudem kann es für Dich eine geringere finanzielle Belastung sein, wenn Du Dein Studium verkürzen kannst. Du kannst Dich früher als andere auf das stürzen, was nach dem Studium kommt, schneller Geld verdienen, Karriere machen oder promovieren. Oder Du widmest Dich dem, was Du wirklich im Leben erreichen möchtest.

Und nun die Kehrseite der Medaille: Wenn Du schnell studierst, wirst Du weniger Kontakt zu Deinen Kommilitonen haben. Du wirst auch nicht alle interessanten Veranstaltungen besuchen können und wahrscheinlich Kurse und Vorlesungen unterschiedlicher Semester gleichzeitig belegen. Als ich ein Semester übersprungen habe, habe ich simultan Vorlesungen für das erste und für das dritte Semester belegt. Wahrscheinlich lernst Du dabei keine oder nur wenige Leute kennen, die den gleichen Weg wie Du gehen. Auch reagieren nicht alle positiv, wenn Sie davon erfahren, was Du vorhast. Du bist für sie dadurch eine ernstzunehmende Konkurrenz oder sie verstehen einfach nicht, warum Du Dir solchen Stress machst. Lass Dich davon nicht beunruhigen. Der Einzige, der fähig ist, eine Wertung darüber abzugeben, ob das sinnvoll ist oder nicht, bist Du.

Auch wenn es nach außen so wirkt – Du studierst im Endeffekt nicht kürzer, sondern Du komprimierst lediglich die Zeit für Dein Studium auf einen kürzeren Zeitraum. Im Prinzip investierst Du nicht weniger Zeit ins Studium, Du benutzt dafür nur eine kürzere Zeitspanne. Das kann eine deutliche Verringerung Deiner Freizeit mit sich bringen und dazu führen, dass Du Deine Hobbys stark einschränken musst. Vielleicht geht Dir auch manch Erfahrung, wie eine Megastudentenparty oder eine gemeinsame Studienreise mit Kommilitonen, verloren. Oder Du hast einfach keine Zeit, Dich um eine Beziehung zu kümmern.

> **Beispiel**
> **Welche Veränderungen das Überspringen eines Semesters brachte**
> Nachdem ich beschlossen hatte, ein Semester zu überspringen, habe ich fast die doppelte Zeit in mein Studium investiert. Dadurch musste ich auch die Zeit, die ich in Clubs und auf Studentenpartys verbracht habe, deutlich reduzieren. Ich

4.3 Die Konsequenzen eines Schnellstudiums

habe sehr schnell den Kontakt zu meinen alten Freunden im Studium verloren. Wir haben uns nicht mehr so regelmäßig gesehen (auch dadurch, dass ich nur noch bei wenigen Veranstaltungen anwesend war) und hatten uns auf Grund der unterschiedlichen Fächer nicht mehr so viel zu sagen. So ist der Kontakt dann eingeschlafen. Jedoch habe ich schnell neue Freunde gefunden, die das Studium ähnlich ehrgeizig angegangen sind wie ich. Ich bin froh, es gemacht zu haben und habe dadurch viel gelernt.

Zusammenfassung

- Um schneller zu studieren, solltest Du möglichst früh das ganze Studium durchplanen. So kannst Du die Arbeitsbelastung gleichmäßig auf die Semester verteilen.
- Die Studenten aus höheren Semestern können Dir wertvolle Tipps geben, welche Veranstaltungen welchen Zeitaufwand haben.
- Überleg Dir genau, zu welchen Vorlesungen Du gehst und welche Du aussparst.
- Informiere Dich in Deiner Studien- und Prüfungsordnung, inwiefern es rechtlich möglich ist, bestimmte Fächer vorzuziehen.
- Führe einen Kalender und halte Deine Aufgaben auf einer stets aktuellen Liste fest. So vergisst Du nichts und hast abends ein gutes Gefühl, wenn Du siehst, was Du alles abgearbeitet hast.

Folgende Kapitel können Dich auch interessieren:
Kapitel 5 Wenig Aufwand, große Resultate
Kapitel 6 Der beste Weg zu guten Noten
Kapitel 13 Traumjob leicht gemacht

Literaturverzeichnis

Linenberger M (2010) Master your workday Now! Proven Strategies to Control Chaos, Create Outcomes & Connect Your Work to Who You Really Are. New Academy Publishing, San Ramon, California (vgl. S. 17–21)

Wenig Aufwand, große Resultate 5

Zusammenfassung
In diesem Kapitel erfährst Du, wie Du

- an die relevanten Informationen kommst
- die richtigen Teams findest
- und Deine Aufgaben delegierst.

Mit diesen Tipps und Tricks kannst Du Dein Studium deutlich entspannter angehen.

5.1 Gute Gründe, das Studium locker und entspannt anzugehen

Du willst es Dir einfach machen? Das ist legitim, denn es kann sein, …

- … dass Dir Deine Freizeit heilig ist. Du möchtest möglichst viel davon haben, um Deine zeitintensiven Hobbys pflegen zu können.
- … dass Du jung bist und weißt, dass das nicht ewig so bleibt. Du möchtest viel erleben und denkst Dir, dass Du auch noch arbeiten kannst, wenn Du älter bist.
- … dass Dich Dein Studium nicht wirklich interessiert, aber irgendetwas musst Du machen. Zu einem Job ist das Studium die beste Alternative.
- … dass Du eine Leidenschaft hast, die Du ausleben möchtest, mit der Du jedoch noch kein Geld verdienst. Vielleicht spielst Du in einer Band oder schauspielerst. Du möchtest diese Leidenschaft ausbauen, brauchst jedoch noch ein zusätzliches Standbein. Ein abgeschlossenes Studium kann nicht schaden.

D. Proksch, *Dein Top-Studium*, DOI 10.1007/978-3-8349-4109-1_5,
© Gabler Verlag | Springer Fachmedien Wiesbaden 2012

- ... dass Du bereits arbeitest und nur nebenbei studierst. Du brauchst den Abschluss, um befördert zu werden oder für Deine Gehaltserhöhung zu argumentieren. Die Noten spielen dabei keine Rolle.

5.2 Wie Du locker durchkommst

Für Dich ist das Wichtigste, mit wenig Arbeit eine halbwegs gute Note zu erreichen. Dafür ist zunächst eines vonnöten: die richtigen Informationen. Du willst oder kannst Deine Zeit nicht in der Universität verbringen und bist daher vom grundlegenden Informationsfluss ausgeschlossen. Dies bedeutet, dass Dir das spezielle Wissen fehlt, zum Beispiel welcher Stoff wichtig ist oder welche Vorlesungen am leichtesten sind.

Wie Du am leichtesten an die richtigen Informationen kommst
Es ist sehr von Vorteil, wenn Du Dir eine Gruppe suchst, in der Ihr gegenseitig Informationen austauscht. Dafür reichen ein paar Leute, die immer auf dem neusten Stand sind und auch bereit sind, ihr Wissen mit Dir zu teilen. Ich empfehle Dir, am Anfang des Studiums ein intensives „Socializing" zu betreiben und möglichst viele Leute aus Deinem Studiengang kennen zu lernen. Du wirst mit Sicherheit welche finden, mit denen Du Dich gut verstehst und die auch bereit sind, Dir unter die Arme zu greifen. Wichtig dabei ist, dass Du sie nicht ausnutzt. Auch wenn manche das nicht so schnell durchschauen, werden sie es irgendwann merken. Achte darauf, dass Du ihnen auch etwas zurückgibst. Dies kann in Form von Informationen sein, da Du Dich in der Vorlesungszeit schon um die Übungsaufgaben gekümmert hast. Jedoch kannst Du Dich auch in ganz anderen Bereichen revanchieren. Vielleicht nimmst Du den eher introvertierten Typen mit auf die angesagte Universitätsparty und hilfst ihm, neue Leute kennen zu lernen. Oder Du lädst den Bereitsteller Deiner Informationen zum Essen ein. Wichtig ist, dass das Verhältnis zwischen Nehmen und Geben ausgeglichen ist. Im Besten Falle findest Du Leute, die sich für Dich verantwortlich fühlen und Dir die Tipps geben, die Du zum Bestehen der Prüfungen brauchst.

Die typischen Foren, Google-Groups oder Facebook-Gruppen, die es für fast jeden Studiengang an jeder Universität gibt, verfolgen denselben Ansatz. Durch das Bereitstellen von Informationen hoffen die Teilnehmer, dass sie auch wertvolle Informationen zurückbekommen. Meistens sind die Austauschmöglichkeiten schnell „tot", wenn nur noch ein paar Mitglieder Informationen veröffentlichen und die anderen nur mitlesen. Die Verfasser bekommen dann keine wertvolle Information geliefert und haben keinen Anreiz mehr, selbst etwas weiterzugeben. Diese Informationsportale können jedoch sehr wertvoll für Dich sein. Wenn Du dort regelmäßig Beiträge veröffentlichst und auch Fragen beantwortest, kannst Du dafür sorgen, dass sie am Leben gehalten werden.

Warum den Stoff selbst lernen?
Wenn Du wenig Zeit oder Lust hast, Dich mit dem Stoff zu beschäftigen, kannst Du an Lerngruppen teilnehmen. In diesen geht es darum, sich die wichtigen Punkte aus dem Fach gegenseitig zu erklären. Das kannst Du nutzen, um herauszufinden, was wichtig ist und Dir die schwierigen Sachen obendrein erklären zu lassen. Jedoch gilt auch hier, dass wenn Du nur nimmst und nicht gibst, Du wahrscheinlich bald nicht mehr zu den Lerngruppen eingeladen wirst. Des Weiteren gibt es, durch die Studiengebühren finanziert, an vielen Hochschulen und Universitäten Repetitorien, bei denen Vorlesung innerhalb einer oder zwei Wochen als Block zusammengefasst werden. Dies ist für Dich ideal, da Du das Wichtigste beigebracht bekommst.

Eine weitere Möglichkeit, wenn Geld für Dich keine so große Rolle spielt, ist, Nachhilfe in Anspruch zu nehmen. Du lässt Dir für zehn bis zwanzig Euro pro Stunde die Fächer so erklären, dass Du die Prüfung bestehen kannst. Je nachdem, wie schwierig das Fach ist, kannst Du eine unterschiedliche Zahl an Stunden buchen. Möglicherweise reicht es, wenn Du die Skripten selbst durchgehst und nur für die unklaren Punkte die Nachhilfe in Anspruch nimmst. Weiterhin kann es für Dich sehr hilfreich sein, wenn Du Zusammenfassungen des Stoffes von Kommilitonen besorgen kannst. Sind diese gut gemacht, reicht es womöglich aus, diese zu lernen. Den Stoff musst Du dann nicht erst in seiner Gesamtheit anschauen.

Wie Du das richtige Team für Gruppenarbeiten und Seminare findest
Wenn Du in eine Gruppe gerätst, die sich jede Woche zweimal treffen möchte und dann noch für fünf Stunden, dann ist das sehr zeitraubend. Es gibt zwei mögliche Teamkonstellationen, die für Dich vorteilhaft sein könnten:

- **Ein Team aus Gleichgesinnten**: Alle im Team wollen die Aufgaben so schnell und zeiteffizient wie möglich abschließen. Dabei steht die Note nicht im Vordergrund. Stattdessen wollt Ihr in möglichst wenigen Treffen die Aufgabe so lösen, dass Ihr sie besteht. Die Gefahr dabei ist, dass das Ergebnis nicht ausreicht oder Deine Teammitglieder noch unmotivierter sind, als Du selbst. Wenn jedoch jeder das gleiche Ziel verfolgt, kann dies für Dich die beste Lösung sein.
- **Ein Team aus Highperformern**: Du kennst sicher den Spruch, dass TEAM nur die Abkürzung für „Toll! Ein anderer macht's!" ist. Genauso kannst Du vorgehen,

wenn Du es schaffst, in ein Team von ehrgeizigen Studenten zu kommen. Diese können von der Sorte sein, der es wichtig ist, unter den besten zehn Prozent abzuschließen. Wenn sie merken, dass Deine Ergebnisse nicht zufrieden stellend sind, werden sie Deine Arbeit übernehmen, um ihre Notenkriterien zu erfüllen. Sie bringen Dich im besten Fall ohne einen Arbeitseinsatz von Dir durch. Jedoch entsteht auf ihrer Seite sehr großer Unmut. Sie werden nichts mehr mit Dir zu tun haben wollen. Wenn möglich, werfen sie Dich auch aus dem Team. Also betrachte diese Methode mit großer Vorsicht und überlege Dir, ob es für Dich vertretbar ist.

Es ist übrigens an vielen Hochschulen und Universitäten möglich, die Abschlussarbeiten gemeinsam zu verfassen. Zwar muss im Autorenverzeichnis angegeben werden, wer welchen Teil geschrieben hat, jedoch könnt ihr die Aufgabenlast gleichmäßig oder ungleichmäßig verteilen. Auch ist es leichter sich zu zweit zu motivieren. Wenn jedoch jeder der Meinung ist, dass der andere für den Großteil des Arbeitsaufwands zuständig ist, wird es nicht funktionieren.

Was Du outsourcen kannst

Einige Aufgaben kannst Du an andere abgeben und so richtig Zeit sparen. Die Korrekturen Deiner Seminararbeiten und Deiner Bachelor- und Masterarbeit sind dafür ein Beispiel. Du kannst sie an Deine Freunde, Deine Familie oder Deine Kommilitonen abgeben. Dies hat auch den Vorteil, dass sie mehr Fehler finden werden, als Du, wenn Du die Arbeit zum fünften Mal durchliest. Irgendwann stellt sich eine gewisse Blindheit gegenüber Fehlern ein. Weiterhin kannst Du in Gruppenarbeiten die weniger spaßigen Arbeiten delegieren. Hier ist die Literaturrecherche zu nennen, die je nach Thema einen großen Zeitaufwand erfordern kann. Auch das Foliendesign ist etwas, wo Du Dich Raushalten kannst.

In vielen Fächern ist es immer noch so, dass die Teilnehmer sich per Hand in Übungsgruppen eintragen dürfen. Das bedeutet, dass Du der Veranstaltung beiwohnen musst. Wieso lässt Du Dich jedoch nicht von einem Kommilitonen eintragen? So kannst Du zu Hause bleiben. Wichtig ist, dass es sich dabei um jemand äußerst zuverlässigen handelt, damit Du nicht am Ende ohne Gruppe dastehst. Des Weiteren solltest Du bedenken, dass Deine Kommilitonen sich zu erst selbst eintragen werden und Du dadurch vielleicht Deine bevorzugte Gruppe nicht bekommst.

Mit 20 Prozent der Arbeit kannst Du 80 Prozent der Ergebnisse erreichen.

Vilfredo Pareto untersuchte im 19. Jahrhundert die Verteilung des Vermögens in Italien. Das Ergebnis war, dass ungefähr 20 % der Einwohner 80 % des Vermögens besitzen. Es stellte sich heraus, dass dieses Prinzip auch auf viele andere Bereiche angewendet werden kann. So sagt das sogenannte Pareto-Prinzip aus, dass Du 80 % der Ergebnisse mit 20 % des Aufwands erreichen kannst. Als Beispiel kannst Du das Lernen für eine Prüfung nehmen. In 20 % der Zeit schaffst Du es, einen groben Überblick zu bekommen und die wichtigsten Konzepte zu verinnerlichen. Um alles im kleinsten Detail zu verstehen und auch die weniger eingängigen Sachverhalte nachvollziehen zu können, benötigst Du viel mehr Zeit.

Um eine 4,0 zu bekommen, reicht es wahrscheinlich, wenn Du Dich nur ein Fünftel der Zeit mit der Aufgabe beschäftigst, als dies jemand, der die 1,0 schreiben will, tut. Genauso ist oft die Beschäftigung mit einem Buch hinreichend, um 80 % der Prüfungsfragen lösen zu können. Die anderen Bücher kannst Du auslassen. Wenn Du Dich also nur auf die Dinge konzentrierst, die zu der Note beitragen, kannst Du einiges an Zeit sparen. Aufgaben, die nur marginal zur Note beitragen, lässt Du einfach weg.

5.3 Die Konsequenzen eines minimalistischen Studiums

Wenn Du ohne viel Aufwand durch das Studium kommst, hast Du Dein Ergebnis maximiert. Mit möglichst wenig Einsatz hast Du viel erreicht. Du hast kaum Zeit für Vorlesungen oder das Lernen verwendet und Dich wahrscheinlich nicht so oft blicken lassen. Dadurch hattest Du Zeit, viel zu arbeiten oder auf jeder Party dabei zu sein. Dennoch hast Du den Titel erlangt, mit Dem Du Dich jetzt bewerben kannst.

Allerdings wirst Du nicht viel Ahnung von der Materie haben, wenn Du Dich nie intensiv damit beschäftigt hast. So hast Du von dem Studium selbst wahrscheinlich nur wenig mitgenommen. Auch bist Du möglicherweise ein paar Leuten auf die Füße getreten, um leichter vorankommen zu können.

Zusammenfassung

- Suche Dir eine Gruppe, in der wichtige Inhalte und Studieninfos ausgetauscht werden. Revanchiere Dich für das, was Du erhältst, damit Du ernst genommen wirst und in der Gruppe bleiben kannst.
- Du brauchst Dir den Lernstoff nicht komplett selbst erarbeiten. Dank Repetitorien, Lerngruppen und Nachhilfe kannst Du den Stoff zeitsparender aufnehmen.
- Zeitraubende Fleißarbeiten wie Korrekturlesen, Folien erstellen oder Literaturrecherche solltest Du möglichst auslagern.

- Im richtigen Team kannst Du viel Zeit sparen: Suche Dir Gleichgesinnte oder lass Dich von High-Performern mitziehen.
- Erinnere Dich daran, dass Du mit 20 % Aufwand 80 % des Ergebnisses erreichen kannst.

Der beste Weg zu guten Noten 6

Zusammenfassung

In diesem Kapitel erfährst Du,

- wie Du Dich richtig auf Prüfungen vorbereitest
- wie Du optimal lernst
- wie Du Klausureinsichten nutzt
- wie Du in Gruppenarbeiten und Unipraktika gut abschneidest und
- wie Du Deine Abschlussarbeiten richtig angehst.

Wenn Du die vorgestellten Tipps konsequent anwendest, kannst Du Deinen Notendurchschnitt deutlich verbessern.

6.1 Warum Du sehr gut abschneiden möchtest

Du träumst von dem perfekten Notendurchschnitt? Hier kommen die Gründe dafür:

- Du möchtest eine Arbeitsstelle in einem hart umkämpften Umfeld wie in einer Unternehmensberatung oder einer Anwaltskanzlei bekommen. Gute Noten sind dafür eine der Grundvoraussetzungen.
- Du möchtest nach dem Studium promovieren oder einen guten Masterstudienplatz bekommen und dafür wird oft ein bestimmter Notendurchschnitt verlangt.
- Du möchtest ein bestimmtes Stipendium gewinnen oder an einer speziellen ausländischen Universität studieren. Als Auswahlkriterium werden die Noten stark gewichtet.

- Du bist sehr ehrgeizig und zielstrebig und willst zeigen, dass Du es drauf hast.
- Gute Noten bringen oft ein gewisses Maß an Anerkennung mit sich, von Deinen Kommilitonen, Verwandten und möglicherweise auch von Deinen Professoren.

6.2 Wie Du die optimalen Ergebnisse erzielst

6.2.1 Wie Du Dich richtig auf Prüfungen vorbereitest

Eine einfache und sehr effektive Methode, um in einer Klausur eine gute Note zu bekommen, ist, sich die Altklausuren zu besorgen und damit zu üben. Meist sind sich die Klausuren vom Aufbau und der Struktur ziemlich ähnlich und so bekommst Du bei der Betrachtung der Altklausur einen guten Einblick davon, was Dich erwarten wird. Die Altklausuren kannst Du Dir entweder bei der Fachschaft oder bei Studenten aus höheren Semestern besorgen.

Wie Du Dir Altklausuren beschaffst
Es kann sinnvoll sein, Dich schon ein Jahr, bevor Du die Prüfung schreibst, darum zu kümmern, nämlich dann, wenn die Prüfung abgelegt wird. Nach der Prüfung sprichst Du die Teilnehmer an und fragst nach, was die Herausforderungen waren und ob die Altklausur zur Verfügung steht. Auch wenn die Altklausur bei uns nicht offiziell herausgegeben wurde, hatte meist einer der Prüflinge, der gemerkt hat, dass er die Klausur nicht bestehen kann, das Aufgabenblatt herausgeschmuggelt, um es zu Übungszwecken zu verwenden. Am leichtesten kommst Du an diese Informationen direkt nach der Klausur, da zu der Zeit das Wissen noch frisch ist. Wenn Du Dich also mit den Studenten aus höheren Semestern unterhältst, ist es möglich, dass Du die verschiedensten Tipps und Altklausuren erhältst, an die Du sonst wahrscheinlich nicht herangekommen wärst.

Kennst Du niemanden aus den höheren Semestern, gibt es auch die Möglichkeit, StudiVZ aktiv zu nutzen. Dort kann man eintragen, welche Vorlesungen man belegt hat und Du kannst Dir somit anzeigen lassen, wer eine für Dich interessante Vorlesung gehört hat. Ich habe dies dazu verwendet, die Teilnehmer anzuschreiben und zu fragen, wie eine bestimmte Prüfung gewesen ist bzw. was man ihrer Meinung nach dafür lernen sollte. Meiner Erfahrung nach bekommt man zwischen 20 und 30 % brauchbare Antworten, von denen mir die eine oder andere schon zu besseren Noten verholfen hat.

> **Beispiel**
>
> **Wie mir Altklausuren zu einer geschenkten 1,0 verholfen haben**
> Ich hatte eine schriftliche Prüfung, bei der es erlaubt war, beliebig viele handschriftliche Notizen mitzunehmen. Beim Durchgehen der Altklausuren (diese waren uns dank Bekannten aus älteren Semestern für die letzten vier Jahre verfügbar) fiel meinen Kommilitonen und mir auf, dass sich viele der Prüfungsaufgaben regelmäßig wiederholten. Es schien einen Pool an Prüfungsaufgaben zu geben, aus denen die Klausuren zusammengesetzt waren. Also haben wir uns daran gesetzt, die Lösungen der gesamten Aufgaben handschriftlich abzuschreiben (die Altklausuren enthielten die Musterlösungen), damit wir sie mit in die Prüfung nehmen konnten. Das hat zwar fast einen ganzen Tag gedauert, das Ergebnis war jedoch überwältigend.
>
> Als wir die Prüfung ausgeteilt bekommen und das Aufgabenblatt durchgeblättert haben, ist uns das Grinsen nicht mehr vergangen. Es war keine einzige Aufgabe enthalten, für die wir nicht die Musterlösung dabei gehabt haben. So einfach haben wir noch nie die 1,0 bekommen. Die Frage, ob wir in dem Fach auch etwas gelernt haben, ist eine andere …

Eine weitere, sehr banale Möglichkeit ist es, zur Sprechstunde des Betreuers der Vorlesung zu gehen und nachzufragen, wo der Schwerpunkt der Klausur liegt. In den allermeisten Fällen erstellt der Professor die Prüfung nicht selbst, sondern der Betreuer ist dafür zuständig. Deshalb kannst Du eventuell noch interessante Informationen herausbekommen. Auch kannst Du Dir von ihm Sachverhalte erklären lassen, wenn Du sie noch nicht richtig verstanden hast. So manches Mal ist dem Betreuer dabei schon ein „Das kommt doch eh nicht dran" herausgerutscht …

Wie Dir ein Lernplan hilft, auch mehrere Prüfungen in den Griff zu bekommen

Um Dich gut auf mehrere Prüfungen vorbereiten zu können, ist es sehr hilfreich, einen Lernplan aufzustellen und Dich an diesen auch zu halten. Am Besten ist es, wenn Du nach Deinem Plan eine Woche vor Prüfungsbeginn den gesamten Stoff schon durchgearbeitet hast. So hast Du einen ausreichenden Puffer, wenn sich einige Themen als schwieriger als gedacht herausstellen bzw. etwas anderes dazwischen kommt. So kannst Du den Lernstoff vor der Prüfung ganz entspannt wiederholen. Ich habe die Skripten immer mehrmals kurz überflogen, um einen Überblick zu bekommen, und mir dann einen Plan erstellt, welche Kapitel ich an welchen Tagen durchgehe bzw. welche Übungsblätter ich mache. Es macht keinen Sinn, Dir für den einen Tag Kapitel 4 vorzunehmen, dass aus 50 Folien besteht, am nächsten Tag Kapitel 5, dass 500 Folien hat und danach Kapitel 6, dass wieder aus 50 Folien besteht. Eine Unterteilung in 200 Folien pro Tag wäre angemessen.

In den meisten Fällen schreibst Du nicht nur eine Prüfung, sondern mehrere, und es gibt verschiedene Arten, sich darauf vorzubereiten. Meist habe ich beobachtet, dass meine Kommilitonen für die ersten Klausuren sehr gut vorbereitet waren und dass je später in der Prüfungszeit die Klausuren stattfanden, desto weniger gelernt wurde. Für die letzten Klausuren blieben dann nur noch ein oder zwei Tage Zeit für die Vorbereitung. Dementsprechend waren auch die Noten für die ersten Klausuren sehr gut und nahmen stetig ab. Am Anfang habe ich diesen Ansatz ebenfalls verfolgt und war mit den Noten nicht sehr zufrieden. Ich habe daher angefangen, mich für alle Prüfungen gleichmäßig vorzubereiten. Je nach Anzahl der Fächer habe ich einen festen Zeitraum pro Tag und Fach reserviert. Um noch den Überblick zu behalten, was wann gelernt werden sollte, ist es unabdingbar, einen ausgeklügelten Lernplan zu erstellen.

Plane dabei bitte auch ein, dass Du, wenn Du gerade eine Prüfung hinter Dir hast, erst mal ein paar Stunden brauchst, um wieder herunterzukommen und erst dann wieder effizient lernen kannst. Eine gute Möglichkeit, um schnell abschalten zu können, ist es, einen Sport auszuüben, der Dich entweder konditionell sehr fordert oder Deine volle Aufmerksamkeit verlangt. Danach ist Dein Kopf wieder frei und Du kannst Dich ans Lernen machen. Plane also einen Tag, an dem Du eine Prüfung hast, maximal als einen halben Lerntag ein.

Woher Du weißt, welcher Stoff wichtig ist

Eine sehr hilfreiche Methode in der Prüfungsvorbereitung ist es, den Stoff mit Kommilitonen durchzugehen. So könnt Ihr diskutieren, welcher Stoff wichtig und welcher weniger relevant ist. Besonders, wenn Du die Vorlesung nicht besucht hast, kannst Du dadurch gute Anregungen bekommen, auf welchen Themenaspekte am meisten Wert gelegt wird. Aber auch sonst können ein paar zusätzliche Meinungen Dir helfen, Themen aufzudecken, die Du nicht als besonders wichtig erachtest und Dich damit möglicherweise verschätzt hast.

Weiterhin kann es sinnvoll sein, sich gegenseitig die komplizierten Sachverhalte beizubringen. Es gilt das Sprichwort: „Nur wer einem etwas beibringen kann, hat es selbst verstanden". Vielleicht merkst Du beim Erklären, dass Du bei einigen Details doch nicht so sicher bist, wie Du dachtest. Wir neigen beim Lernen zum Selbstbetrug, indem wir uns weismachen, dass wir die Antwort in der Prüfung schon gewusst hätten. Dies ist jedoch nicht unbedingt der Fall. Durch den Versuch, das Wissen beizubringen, wird der Selbstbetrug aufgedeckt und Du hast die Möglichkeit, nachzulernen.

Wie Du beim Lernen aufmerksamer wirst

Unser Gehirn kann am besten lernen, wenn wir in einem entspannten Zustand sind. Daher macht es wenig Sinn, wenn wir uns selbst stressen und dann versuchen, uns den Stoff reinzuprügeln. Viel besser kann Dir das Lernen gelingen, wenn Du vorher dafür sorgst, dass Du entspannt bist. Vielleicht hörst Du vor dem Lernen zehn Minuten lang Deine Lieblingsmusik, gehst ein Stück spazieren oder legst Dich kurz hin. Danach eliminierst Du alle Ablenkung: Du schaltest Dein Mobiltelefon aus, schließt alle sozialen Netzwerkseiten und bringst an Deiner Tür ein „Bitte nicht stören"-Schild an. So kannst Du sicher sein, dass Dich keiner vom Lernen ablenkt und Du Dich für einen gewissen Zeitraum gut konzentrieren kannst. Du wirst merken, wie viel besser Dir das Lernen plötzlich gelingt.

Es kann hilfreich sein, das Lernen in Intervalle einzuteilen. Dabei probierst Du aus, was für Dich am besten funktioniert. Während Einige drei Stunden am Stück lernen können, brauchen Andere alle 45 min eine kleine Pause. Beherzige bitte auch, dass Du Dich nur eine bestimmte Zeitspanne pro Tag konzentrieren kannst. Wenn mir Kommilitonen erzählt haben, dass sie an einem Tag 14 oder sogar 18 h gelernt haben, musste ich immer schmunzeln. Das meiste davon haben sie wahrscheinlich sofort wieder vergessen.

Ich empfehle, lieber weniger zu lernen und sich dafür den Stoff auch zu merken. In der Prüfung ist es oft besser, einen Teil des Stoffes gut zu können, als dem gesamten Stoff lückenhaft zu beherrschen. Diese Situation kommt jedoch nur auf, wenn Du keinen Lernplan aufgestellt oder ihn nicht eingehalten hast. Weiterhin empfehle ich Dir, gerade in der Lernphase einen vernünftigen Schlafrhythmus einzuhalten. Ausgeschlafen fällt Dir das Lernen viel leichter, da Dein Gehirn neues Wissen besser aufnehmen kann.

Wie Du schneller lernst

Das Wissen in Vorlesungen ist linear angeordnet. Das bedeutet, dass Themengebiet an Themengebiet gereiht ist. Unser Gehirn funktioniert jedoch nicht linear, sondern besteht aus Neuronen, die miteinander verknüpft sind und eine Art Wissensnetz bilden. Verschiedene Informationen sind miteinander verbunden. Wenn eine neue Information hinzukommt, wird sie am Besten aufgenommen, wenn sie einen Platz in diesem Netz finden und sich dort einhaken kann. Zum schnellen Lernen ist es also viel besser, wenn Du das Wissen in einem Netz repräsentierst. Ein solches Netz nennt man Mind-Map und es besteht aus einem zentralen Punkt, von dem Begriffe, Sätze oder Erklärungen ausgehen und damit verbunden sind. Dieser zentrale Punkt wird Wurzel der Mind-Map genannt und von ihm gehen weitere Punkte in sogenannten Ästen aus. Diese Punkte können aus einem Begriff, einem Text oder einem Bild bestehen. Von ihm können dann weiterhin beliebig viele Äste entspringen.

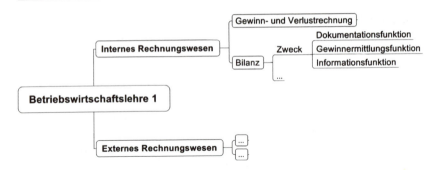

Abb. 6.1 Die Mind-Map ist das ideale Hilfsmittel, den Prüfungsstoff zu strukturieren

Wie Du eine Mind-Map erstellst

Als Beispiel verwenden wir eine Vorlesung „Betriebswirtschaftslehre 1". Wir nehmen dann als Wurzelknoten „Betriebswirtschaftslehre 1". Die Vorlesung unterteilt sich möglicherweise in das interne und externe Rechnungswesen. So legen wir zwei Unterknoten an: „Internes Rechnungswesen" und „Externes Rechnungswesen". Das externe Rechnungswesen unterteilt sich in die Bilanz und die Gewinn- und Verlustrechnung. Wenn wir nun die wichtigsten Zwecke der Bilanz hinzufügen wollen, legen wir einen Unterknoten „Zweck" an und hängen dort die entsprechenden Eigenschaften, wie beispielsweise Dokumentationsfunktion, Gewinnermittlungsfunktion und Informationsfunktion an.

So können wir eine ganze Vorlesung übersichtlich anordnen und wissen immer, wozu ein bestimmter Punkt gehört. Dies ist hilfreich, weil wir so in der Prüfung das Wissen besser einordnen und damit auch abrufen können. In Abb. 6.1 ist die im Beispiel erwähnte Mind-Map aufgezeichnet.

Wenn Du eine Mind-Map für Deine Vorlesung erstellen möchtest, wird diese sehr groß werden. Ich empfehle daher den Einsatz eines Software-Tools, bei dem Du die einzelnen Äste des Mind-Maps ein und ausklappen kannst. So behältst Du den Überblick. Auch hat es den Vorteil, dass Du die Mind-Map leicht mit Deinen Kommilitonen austauschen kannst. FreeMind ist ein kostenloses Mind-Map-Tool, das Du unter http://freemind.sourceforge.net/ herunterladen kannst. Es beinhaltet alle Funktionen, um Mind-Maps zu erstellen und zu bearbeiten. Auf Grund des übersichtlichen Funktionsumfangs ist es sehr leicht zu bedienen.

Studenten einiger Universitäten bekommen auch den Mindjet MindManager kostenlos zur Verfügung gestellt. Dieser beinhaltet deutlich mehr Funktionen, ist jedoch langsamer und komplizierter zu bedienen. Dieses Buch ist übrigens aus einer Mind-Map entstanden, die mit Free-Mind erstellt wurde. Beim Schreiben habe ich die Mind-Map auf einem zweiten Bildschirm geöffnet und konnte neue Ideen sofort einsortieren.

Warum das lineare Lernen nicht funktioniert
Viele gehen den Stoff einer Prüfung mehrere Male von vorne nach hinten durch. Das Gehirn langweilt sich, da es den Stoff schon kennt und wird das Wissen nicht mehr so schnell aufnehmen können. Meist tritt der Effekt ein, dass Du die ersten Kapitel gut kannst, Dir die folgenden Kapitel jedoch zunehmend schwer fallen. Daher macht es Sinn, die Reihenfolge zu vertauschen und die Kapitel von hinten nach vorne durchzugehen oder die Kapitel, die Du noch nicht so gut kannst, mehrmals zu wiederholen. So forderst Du Dein Gehirn und kannst besser lernen. Natürlich ist dieses Vorgehen nicht so gut möglich, wenn der Stoff stark aufeinander aufbaut. Trotzdem ist es dann nützlich, die letzten und meist schwierigeren Kapitel öfter durchzugehen.

Wie Du Deinen Lerntypen entdeckst und beim Lernen nutzt
Stell Dir vor, dass Du jetzt eine Kirche betrittst. Was nimmst Du als Erstes wahr? Siehst Du vielleicht das bunte Kirchenfenster? Hörst Du das Knarren der Tür oder das Läuten der Glocken? Oder spürst Du die kalte Luft auf Deiner Haut? Diese kleine Übung ist eine Möglichkeit, Hinweise auf Deinen Lerntypen herauszufinden.

- **Visuell**: Nimmst Du zuerst ein Bild wahr, bist Du vermutlich ein visueller Lerntyp. Du kannst Dir Dinge am besten merken, wenn Du sie vor Dir siehst. Für Dich ist die vorher beschriebene Benutzung des Mind-Maps ideal. So kannst Du Dir ein Bild von dem Stoff machen. Du lernst auch gut aus einem Skript, bei dem viele Sachverhalte grafisch veranschaulicht werden. Wenn der Stoff nur in Textform vorliegt, kannst Du ihn selbst durch verschiedene Diagramme veranschaulichen. Zusammenhänge in der Form „aus A folgt B", aus „B folgt C" usw. kannst Du in Boxen darstellen, die mit Pfeilen verbunden sind. Die Boxen enthalten dabei die wichtigsten Stichwörter. Prozentzahlen kannst Du Dir mit Kuchendiagrammen verdeutlichen und Dir so viel schneller einprägen.
- **Auditiv**: Wenn Du zuerst ein Geräusch wahrnimmst, bist Du vermutlich ein auditiver Typ. Dieser Typ nimmt in der Regel von den Vorlesungen am meisten mit, da er das Wissen am liebsten in gesprochener Form aufnimmt. Eine Bekannte von mir, die stark auditiv veranlagt ist, hat sich den Stoff meist selbst vorgesprochen und aufgenommen. Beim Joggen, Bus fahren und bei vielen anderen Gelegenheiten hat sie sich die Aufnahme dann angehört. Vielleicht ist dies für Dich auch eine Möglichkeit. Hilfreich ist, dass viele Vorlesungen heutzutage

aufgezeichnet werden. Du kannst Dir so die Aufnahme der Vorlesung immer wieder anhören. Wird keine Aufnahme zur Verfügung gestellt, kannst Du die Vorlesung selbst mit einem Handy oder MP3-Player aufnehmen. Für auditive Typen kann es auch hilfreich sein, viel mit anderen zu diskutieren oder sich den Stoff gegenseitig zu erzählen.

- **Kinästhetisch**: Wenn Du als erstes ein Gefühl wahrnimmst, also beispielsweise den kalten Luftzug auf Deiner Haut spürst, bist Du wahrscheinlich kinästhetisch veranlagt. Du lernst am Besten, wenn Du selbst etwas tun kannst. Möglichkeiten sind Übungen, in denen Du etwas nachrechnen kannst. Auch kann es für Dich hilfreich sein, mit Karteikarten zu arbeiten. Auf die Vorderseite schreibst Du Dir eine mögliche Prüfungsfrage und auf die Rückseite die Antwort. So kannst Du den Vorlesungsstoff praktisch üben. Eine weitere Methode ist, dass Du Dir vorstellst, dass Du vor einem imaginären Auditorium stehst und diesem das Prüfungsfach nun beibringen sollst. Wie würdest Du den Stoff vermitteln und welche Teile würdest Du auswählen? Je lebhafter Du diese Rolle spielst, desto besser behältst Du den Stoff.

Wie Du den Lerntyp aus der Sprache bzw. Sprechgeschwindigkeit bestimmst

Selbstverständlich benutzt jeder alle drei Lerntypen. Meistens gibt es jedoch eine Methode, die stärker als die anderen ausgeprägt ist. Weitere Hinweise über Deinen Typen kann Dir Deine Sprache geben. Häufige Formulierungen, wie „Das sieht gut aus." oder „Das (Problem) sehe ich mir mal an." können auf den visuellen Typ deuten. Eine auditive Person wird wahrscheinlicher Formulierungen verwenden, wie „Das hört sich gut an" oder „Ich bin völlig aus dem Takt!" „Mir geht alles sehr nahe." und „Mir wird eiskalt bei diesem Gedanken" sind Aussagen die eine kinästhetische Person treffen würde. Vielleicht kannst Du einen Freund oder Kommilitonen bitten, auf Deine Formulierungen zu achten. So kannst Du Deinen bevorzugten Typen noch besser bestimmen.

Ein letztes Merkmal, durch das Du die Lerntypen unterscheiden kannst, ist die Sprechgeschwindigkeit. Visuelle Typen reden oft sehr schnell, da die Informationsverarbeitung über Bilder die schnellste ist. Auditive Typen sprechen etwas langsamer und kinästhetische Personen erkennst Du daran, dass sie sich bei ihren Formulierungen deutlich mehr Zeit lassen. Sie beziehen ihre Emotionen in die Aussage mit ein.

Wie Du spielend leicht auswendig lernst

Die sogenannte Mnemotechnik fasst ein System zusammen, dass Dir die Entwicklung von Merkhilfen (sogenannten Eselsbrücken) erleichtert. Ein einfaches Beispiel

6.2 Wie Du die optimalen Ergebnisse erzielst

ist der Merksatz: „Mein Vater erklärt mir jeden Sonntag unseren Nachthimmel." Damit kannst Du Dir die Planetenreihenfolge spielend einprägen: Merkur, Venus, Erde, Mars, Jupiter, Saturn, Uranus und Neptun. „Geh Du alter Esel hol Fisch" ist ein Merkspruch für die Reihenfolge der Tonarten des Quintenzirkels: G, D, A, E, H, Fis. Auch lange Zahlenreihen kannst Du Dir mit der richtigen Technik spielend merken. Dazu schaue Dir die folgende Geschichte an:

> Ein Zweibein sitzt auf einem Dreibein und hat ein Einbein.
> Da kommt ein Vierbein und klaut dem Zweibein das Einbein.
> Daraufhin nimmt der Zweibein das Dreibein und haut das Vierbein.

Dies ist im ersten Moment schwer zu merken. Wenn Du diese Geschichte dagegen in Bilder übersetzt, kannst Du sie spielend behalten:

> Ein Mensch (Zweibein) sitzt auf einem Hocker (Dreibein) und isst eine Hähnchenkeule (Einbein). Da kommt ein Hund (Vierbein) und klaut dem Mensch (Zweibein) die Hähnchenkeule (Einbein). Daraufhin nimmt der Mensch (Zweibein) den Hocker (Dreibein) und haut den Hund (Vierbein).

Nach ein paar Wiederholungen kannst Du Dir diese Geschichte leicht merken. Ganz nebenbei hast Du eine neunstellige Zahlenreihe auswendig gelernt: 231-421-234. Das Einbein steht dabei für die Eins, das Zweibein für die Zwei usw. Du siehst, dass Du Dir Zahlen ganz leicht mit kleinen Geschichten merken kannst. Wenn Dir dies am Anfang auch etwas aufwendig erscheint, wirst Du entdecken, dass es mit ein bisschen Übung immer schneller gelingt. Damit kannst Du Dir beispielsweise Jahreszahlen sehr leicht merken.

Wenn Du in Deinem Studium viel auswendig lernen darfst, kann es Dir einen großen Vorteil bringen, wenn Du Dich intensiv mit den Methoden der Gedächtnistrainer auseinander setzt. Eine gute Einführung dafür ist das Produkt MegaMemory von Gregor Staub. Auch findest Du, wenn Du nach „Mnemotechnik" suchst, viele kostenfreie Ressourcen.

In Kap. 7 erkläre ich Dir, wie Du Dir mit diesen Techniken Namen gut merken kannst.

Wie Du das Gelernte dauerhaft behältst

Eine Schwäche des Studiums ist, dass Du den Stoff sehr schnell wieder vergisst. Dies kennst Du sicherlich aus Deiner Schulzeit. Wie viele der Geschichtsdaten könntest Du noch aufsagen und wie heißen die großen Flüsse und Gebirge in Deutschland? Wenn Du einen Weg suchst, wie Du das Wissen auch langfristig behältst, kann ich Dir empfehlen, einen Blick auf SuperMemo (http://www.supermemo.com/) zu werfen.

Dieses Tool unterstützt Dich dabei, das Wissen immer dann zu wiederholen, wenn Du kurz davor bist, es zu vergessen. So kannst Du sicherstellen, dass Dir auch nach dem Studium ein Großteil Deines Wissens erhalten bleibt. Dies erfordert jedoch ein gewisses Maß an Arbeit, da Du Deinen Stoff zunächst in das Programm einpflegen darfst. Du kannst selbst entscheiden, ob sich für Dich der Aufwand lohnt. Auch ist das kostenlose Programm Anki (http://www.ankisrs.net) zu empfehlen, bei dem Du virtuelle Karteikästen anlegen kannst.

6.2.2 Wie Du Klausureinsichten nutzt

Du solltest in jede Klausureinsicht gehen, wenn Du in der Prüfung keine 1,0 gehabt hast. Nur so kannst Du aus Deinen Fehlern lernen. Meist hast Du eine Vermutung, woran es gelegen hat. Aber kannst Du Dir sicher sein? Bei einem Kommilitonen waren die Prüfungsergebnisse oft schlechter, als er erwartet hatte. Er ist dann zu einer Klausureinsicht gegangen und musste mit Erschrecken feststellen, dass er einige Punktabzüge bekommen hatte, da die Korrektoren seine Schrift nicht lesen konnten. Daraufhin hat er sich einen Füller gekauft und nicht mehr mit Kugelschreiber geschrieben. Seine Noten haben sich sofort deutlich verbessert. Wer sagt Dir, dass es bei Dir nicht genauso banale Anlässe gibt, die Deine Note verschlechtern?

Wie Du so verhandelst, dass Du eine bessere Note bekommst

Wenn Du in der Klausureinsicht bist, dann zähle am besten als erstes nach, ob die Gesamtpunktzahl stimmt. Ich hatte schon zweimal den Fall, dass die Korrektoren sich verrechnet hatten. Auch wenn es selten vorkommt, mit Glück hast Du innerhalb der ersten Minuten schon eine bessere Note. Danach gehst Du Deine Klausur ganz in Ruhe durch und suchst nach Aufgaben, bei denen Du die Möglichkeit hast, zu diskutieren. Das sind meist Aufgaben, deren Antwort in einem Fließtext gegeben werden und bei denen Du das Richtige gemeint und nicht optimal ausgedrückt hast.

Wenn Du bei einer Aufgabe „Nennen Sie die vier Punkte von Modell A" nur zwei genannt hast, kommst Du wahrscheinlich auch mit ausgeprägten Debattierkünsten nicht weiter. Am besten machst Du Dir eine Liste Deiner Einwände und schreibst Dir Deine Argumente auf. So kannst Du gezielt argumentieren und hast einen kleinen Vorteil gegenüber dem Korrektor.

Beobachte die Korrektoren gut. Oft habe ich es erlebt, dass ein Zweierteam die Klausureinsicht geleitet hat. Der eine Korrektor war sehr streng und ließ rein gar nicht mit sich verhandeln. Der andere war locker und hat den Studenten die zusätzlichen Punkte fast hinterhergeworfen. Zu welchem der Korrektoren würdest Du gehen? Des Weiteren schaue Dir an, bei welchen Aufgaben Deine Kommilitonen mehr Punkte bekommen haben bzw. sprich sie direkt darauf an. Wenn die Korrektoren bei einer Aufgabe jemanden mehr Punkte gegeben haben, ist Deine Chance besser, auch ein paar zusätzliche herauszuholen. Schließlich müssen sie Dir erklären, warum andere mehr Punkte bekommen als Du.

Es kann sich auch zu Deinem Vorteil auswirken, wenn Du etwas Ähnliches falsch hast, als ein Kommilitone. Dann könnt ihr gemeinsam auf den Korrektor zugehen und diskutieren. Zwei Personen entwickeln mehr Argumente, als ein Einzelner.

Warum Du hart verhandeln und trotzdem sachlich bleiben solltest

Wichtig ist, dass Du stets sachlich bleibst und nicht in eine persönliche Schiene abrutschst. Sobald Du persönlich wirst, wird der Korrektor sich verschließen und Du wirst keine Chance haben, noch etwas herausholen zu können. Denk daran, dass der Korrektor auch nur ein Mensch ist und seinen Job macht. Auch ist er in den meisten Fällen nicht bemüht, den Studenten möglichst schlechte Noten zu geben, sondern das Gegenteil ist der Fall. Er war auch mal Student. Natürlich will er nichts verschenken, sondern für eine gute Leistung eine gute Note geben. Ich habe es einige Male erlebt, dass ich nur einen halben Punkt von der nächsten Note entfernt war und der Korrektor mich sogar unterstützt hat, diesen noch zu bekommen.

> **Beispiel**
> **Wie eine Klausureinsicht zum Bestehen einer Klausur geführt hat**
> In einer Klausur bin ich mit 5,0 durchgefallen und infolge dessen zur Klausureinsicht gegangen. Am Anfang der Klausureinsicht stellte sich heraus, dass die Korrektoren mir für eine Aufgabe null Punkte gegeben haben, bei der ich fast alles richtig gemacht hatte. Es ging darum, ein Modell mit sieben Unterpunkten aufzuzählen. Ich hatte den ersten Unterpunkt falsch, jedoch die drauffolgenden sechs Punkte richtig. Der Korrektor hatte sich nur den ersten Punkt angeschaut und war dann davon ausgegangen, dass ich das Modell verwechselt habe. Die anderen Unterpunkte hat er sich dann gar nicht erst angeschaut. So kam ich ganz schnell von der 5,0 auf der 4,7.
> Außerdem befand ich mich in einer guten Position: Der Korrektor hatte ein schlechtes Gewissen, da er einen Irrtum begangen hatte. Dies habe ich ausgenutzt und jede Aufgabe einzeln durchdiskutiert. Ich konnte dann bei fast jeder ein bis zwei Punkte herausholen und so bin ich dann erst auf eine 4,3 gekommen und dann auf die 4,0. Somit musste ich die Prüfung nicht wiederholen, sondern hatte doch bestanden. Dies war die Klausureinsicht, die sich für mich am meisten gelohnt hat.

Wie viel Du in einer Einsicht herausholen kannst

In vielen Klausureinsichten ist es möglich, kleine Sprünge in der Note (0,3 oder 0,7 besser) zu machen. Größere Sprünge sind selten und kommen fast nur dann vor, wenn sich die Korrektoren vertan haben. Wenn Du in der Einsicht Deine Note um 0,3 verbessern konntest, ist es ein Anlass, Dich zu freuen. Mit im Verhältnis wenig Aufwand konntest Du eine bessere Note gewinnen. Überleg mal, was passiert, wenn Du das bei jeder Prüfung so machst.

> **Beispiel**
> **Warum sich eine lange Verhandlung gelohnt hat**
> Ich habe einmal in einer Klausureinsicht einer Multiple-Choice-Klausur zwei Stunden lang verhandelt. Dabei war nur noch eine zweite Person bei der Einsicht, die jedoch bereits nach zehn Minuten wieder gegangen ist. Ich bin die Klausur ca. eine halbe Stunde lang durchgegangen, um Punkte zu entdecken, die diskutiert werden konnten. Dann habe ich jede einzelne Frage, die ich falsch gelöst hatte, auseinandergenommen und mir erklären lassen. Dabei ist zum Ärgernis der Prüfer herausgekommen, dass eine der Fragen tatsächlich falsch gestellt worden war und sie somit auch zum Nachteil der Studenten korrigiert wurde. Eine Verbesserung meines Klausurergebnisses konnte ich nicht erreichen (ich hatte eine 1,7 und war knapp an der 1,3 vorbei).
>
> Jedoch haben wir danach eine gemeinsame Seminararbeit im selben Fach abgegeben, deren Ergebnisse, freundlich ausgedrückt, von niedriger Qualität waren. Trotzdem haben wir dafür eine 1,7 bekommen. Die Prüfer haben wohl befürchtet, dass wir sonst eine Einsicht gefordert hätten.

Warum Du Dich nicht durch Regeln einschüchtern lassen solltest

Manchmal kann es vorkommen, dass die Aufsicht Dir nur eine bestimmte Zeitspanne für die Einsicht gewähren möchte (beispielsweise 20 min). Dagegen würde ich mich wehren, wenn ich innerhalb der Zeit noch nicht fertig geworden bin. Die Einsicht macht keinen Sinn, wenn Du keine Zeit hast, Deine Fehler nachzuvollziehen. Wenn Du einen Einsichttermin nicht wahrnehmen kannst (bei uns wurden die Termine meist mitten in die Semesterferien gelegt), dann lasse Dir einen Alternativtermin geben.

Du hast ein Recht darauf, Deine Arbeit einzusehen. Auch habe ich es schon erlebt, dass die Prüfer den Notenschlüssel nicht offen gelegt haben, da sie verhindern wollten, dass die Studenten um die Punkte feilschen. Das ist unmöglich. Woher sollst Du dann wissen, ob sie Dir die richtige Note gegeben haben? In so einem Fall würde ich so lange diskutieren, bis Du den Notenschlüssel bekommst. Falls es in der Klausureinsicht nicht mit rechten Dingen zugeht, würde ich nicht zögern, den zuständigen Professor zu kontaktieren.

Was Du in einer Klausureinsicht alles lernst
In der Klausureinsicht treffen zwei gegensätzliche Standpunkte aufeinander. Du willst Deine Note verbessern, der Korrektur möchte seine Berichtigung verteidigen. Dies ist eine wunderbare Basis, um Deine Verhandlungskünste zu üben. Lass Dir erklären, warum Du bei Aufgaben Punktabzüge bekommen hast und überleg Dir Argumente, die dagegen sprechen. Nur weil in der Musterlösung etwas anderes steht, heißt es nicht, dass Deine Lösung nicht auch richtig ist. Also trau Dich!

Wenn die meisten Leute eine Aufgabe falsch gelöst haben, kannst Du argumentieren, dass die Aufgabe nicht korrekt gestellt war. Probiere einfach mal etwas aus! Wenn Du keine unklaren Punkte mehr hast, kannst Du auch testen, wie es ist, wenn Du über einen völlig zu Recht gegebenen Punktabzug diskutierst. Das Wissen und die Erfahrung kannst Du dann in der nächsten Klausureinsicht anwenden.

6.3 Wie Du gute Noten bei Unipraktika und Gruppenarbeiten bekommst

Bei Unipraktika und Gruppenarbeiten geht es darum, gemeinsam ein möglichst gutes Ergebnis zu erreichen. Dafür ist es zunächst förderlich, ein Team mit den Leuten zu bilden, denen es auch wichtig ist, gute Note zu bekommen. Gegen Ende meines Studiums konnte ich die Noten der Gruppen ungefähr voraussagen, wenn ich wusste, welche meiner Kommilitonen zusammengearbeitet haben. Wenn Du am Anfang Deines Studium stehst, kennst Du die motivierten Studenten womöglich noch nicht oder kannst schlecht einschätzen, wer wie gut ist. In diesem Fall vertraue einfach Deiner Intuition, meistens wirst Du richtig liegen.

Warum es eine entscheidende Rolle spielt, mit wem Du Dich zusammen tust
Leider werden die Gruppen inzwischen in manchen Fächern ausgelost. Wenn Du Pech hast, bist Du dann nur mit den Leuten zusammen, für die eine 3,7 als gute Note gilt. Merkst Du, dass die Ergebnisse miserabel sind, dann besprich am Besten mit Deinen Betreuern, ob ein Gruppenwechsel möglich ist. Ich habe selbst schon eine Gruppe gewechselt, um meine Note zu retten. Wenn eine oder mehrere Personen faul oder unmotiviert sind, kann es viel Arbeit sein, das zu kompensieren. Die zusätzliche Arbeit wird dann meist nur von wenigen Personen getragen. Übrigens:

Wenn Du den Ruf hast, dass Du gute Noten erreichst, ist die Wahrscheinlichkeit viel höher, dass andere, ähnlich motivierte Leute mit Dir zusammenarbeiten wollen.

Auch rate ich davon ab, Gruppenarbeiten mit Deinen Freunden zu machen, wenn Dir Deine Note wichtig ist. Das persönliche Verhältnis wird in die Arbeit mit hineinspielen und möglicherweise das Ergebnis verschlechtern. Wenn Ihr Euch persönlich streitet, wird das die Gruppentreffen belasten. War die Gruppenarbeit nicht so erfolgreich wie gewünscht, kann sich das umgekehrt negativ auf die Freundschaft auswirken. Nur dass man befreundet ist, heißt noch lange nicht, dass man gut miteinander arbeiten kann. Also tu Dich ruhig mit Leuten zusammen, die nicht unbedingt Deine Freunde sind und es vielleicht auch nie werden. Die Ergebnisse werden stimmen und sollte es mal nicht laufen, wird dies Dein Privatleben nicht beeinflussen.

Warum Du unbedingt abklären solltest, wer welche Ziele hat

Am Anfang einer Gruppenarbeit ist es wichtig, sich auf ein gemeinsames Ziel zu einigen. So könnt ihr zu Beginn festlegen, dass ihr mindestens eine 1,7 erreichen möchtet. Ihr seid dadurch auf demselben Nenner und merkt von Anfang an, ob die Gruppenkonstellation förderlich ist. Wenn beispielsweise zwei in der Gruppe die 1,0 erreichen wollen und die anderen beiden mit der 3,0 zufrieden sind, könnte das im weiteren Verlauf zu Problemen führen.

Wenn Du das von Anfang an weißt, kannst Du das Team so organisieren, dass es bestmöglich darauf eingeht. Du kannst es so aufteilen, dass der größere Arbeitsteil von denen erledigt wird, die die 1,0 erreichen wollen und die, die mit der 3,0 zufrieden sind, den anderen zuarbeiten. Wahrscheinlich würde es sonst auch so ähnlich ablaufen. Wenn es jedoch nicht vorher geklärt ist, kann es zu großen Unmut führen. Ein typischer Fall ist, dass die Aufgaben gleichmäßig verteilt sind und dann am Ende zwei Teile perfekt erledigt sind und die anderen beiden mittelmäßig.

Oft ist es sinnvoll, die Rolle des Teamleiters zu übernehmen. Du kannst so die Aufgaben koordinieren und bekommst alle Ergebnisse zugeschickt. Sind diese nicht zufriedenstellend, kannst Du mit den betreffenden Personen reden oder sie selbst korrigieren und überarbeiten. Ebenso kannst Du sicherstellen, dass die Präsentationen und Ausarbeitungen zum richtigen Zeitpunkt abgegeben werden. Das kann wichtig sein, wenn Deine Teamkollegen nicht zuverlässig sind. Meist wird eine verspäte negativ bewertet. Du hast also als Teamleiter den meisten Einfluss auf die Gesamtnote.

Welche Tipps Dir die Betreuer geben können

Sehr hilfreich ist es, die Anforderungen der Gruppenarbeit vorher genau abzuklären. Die formalen Kriterien, z. B. die Seitenzahlen der Ausarbeitung oder Dauer der

6.3 Wie Du gute Noten bei Unipraktika und Gruppenarbeiten bekommst

Präsentationen, werden am Anfang bekannt gegeben. Die inhaltlichen Anforderungen werden meist nur kurz angeschnitten. Fragt bei euren Betreuern nach, wie die Arbeit aussehen muss, damit Ihr eine Zwei oder eine Eins erreicht. So könnt ihr euch auf die Faktoren konzentrieren, die für die Arbeit relevant sind. Es bringt nichts, Eure gesamte Aufmerksamkeit auf eine perfekte Ausarbeitung zu richten, wenn Euch der Betreuer gesteht, dass der wichtigste Teil der Gruppenarbeit die Präsentation darstellt.

Wenn Ihr mit bestimmten Punkten innerhalb der Arbeit unsicher seid, dann fragt bei euren Betreuern nach. Diese sind schließlich dafür da, Euch Fragen zu beantworten. Auch ist es gar nicht immer notwendig, eine perfekte Arbeit abzuliefern, um die 1,0 zu bekommen. Möglicherweise reicht es aus, besser als die anderen zu sein. Es ist ebenso möglich, dass Ihr zu viel macht und andere für viel weniger Aufwand die gleiche Note bekommen. Hier gilt es, Eure Arbeit möglichst genau auf die Anforderungen auszurichten.

Wie Du bei der Präsentation überzeugt

Viele Gruppenarbeiten werden mit einer Präsentation abgeschlossen. Um eine gute Note zu erreichen, ist es sinnvoll, die Leute einzusetzen, die am besten präsentieren können. In machen Kursen wird allerdings gefordert, dass alle aus einer Gruppe präsentieren müssen. Da gilt es, die Regel zu beachten, dass der erste und der letzte Eindruck überwiegen. Deshalb haben wir es so gemacht, dass wir die beiden Personen, die am besten präsentieren konnten, in der Reihenfolge an den Anfang bzw. an das Ende gelegt haben. So konnten wir sicherstellen, dass der erste und der letzte Eindruck gut waren. Auch ist es bei Präsentationen immer förderlich, eine Teamfolie einzubauen, auf der die einzelnen Personen mit Bild und Rolle aufgelistet sind. Das wirkt sympathisch und der Betreuer kann sich bei der anschließenden Benotung besser an euch erinnern.

Der Präsentation kommt oft eine sehr hohe Bedeutung zu, besonders, wenn die Veranstaltung viele Teilnehmer hat. Überleg Dir das Szenario, dass es 40 Teams gibt und diese jeweils eine 25-seitige Arbeit abgeben. Dies macht satte 1000 Seiten, genau so viele wie drei bis fünf Fachbücher haben. Wenn der Betreuer diese alle feinsäuberlich durchgehen und korrigieren würde, bräuchte er bei 25 Seiten pro Stunde (für eine Korrektur wäre das durchaus schnell) 40 Arbeitsstunden. Dies entspricht einer gesamten Arbeitswoche. Nun überleg Dir, ob er diese Zeit aufwenden wird oder stattdessen die Arbeit nur überfliegt. Tut er Letzteres, dann wird die Präsentation umso wichtiger. Durch die Ausarbeitung kann er nur einen leichten Eindruck gewinnen und wird Eure Ergebnisse genauer in der Präsentation hinterfragen.

6.4 Wie Du bei Abschlussarbeiten punktest

Ich möchte Dir hier nun eine neue und vielleicht etwas ungewöhnliche Ansicht über Abschlussarbeiten geben. Diese sind Dienstleistungen für Deine Professoren bzw. betreuenden Doktoranden. Du nimmst ihnen hier unbezahlt Arbeit ab und schaffst Ergebnisse, die diese dann in ihren Publikationen oder Dissertationen verwenden. Als Lohn dafür, dass sie Deine Arbeit weiterbringt, bekommst Du eine gute Note. Dies ist vielleicht etwas übertrieben ausgedrückt und sicher ist es nicht immer so; es trifft den Kern der Sache jedoch gut. Du tust also gut daran, Deinen Betreuer oder Professor als Kunden zu behandeln.

Dies fängt bereits beim Thema Deiner Seminar-, Bachelor- oder Masterarbeit an. Es ist viel wahrscheinlicher, dass er Dich stärker unterstützen und besser bewerten wird, wenn Du ein Thema wählst, dass ihn brennend interessiert. Ein Doktorand hat es am liebsten, wenn er große Teile Deiner Arbeit für seine Dissertation verwenden kann, ein Professor freut sich, wenn er Deine Ergebnisse zur Unterstützung einer Publikation einsetzen kann. Frag Deinen Betreuer, worüber er seine Dissertation schreibt und inwiefern er die Ergebnisse Deiner Arbeit verwenden könnte. Am besten ist es, wenn Du das Thema so wählst, dass es Eurer beider Nutzen maximiert.

Zu Beginn Deiner Arbeit ist es wichtig, das Thema klar abzugrenzen. So bist Du vor Überraschungen sicher. Es ist durchaus vorgekommen, dass ein Betreuer im Nachhinein noch einen zusätzlichen Themenaspekt mit aufgenommen haben will, was Deine Arbeit um Wochen verzögern kann. Es empfiehlt sich daher, am Anfang der Arbeit eine schriftliche Vereinbarung zu treffen, die das Thema und die Forschungsfragen der Arbeit definiert und von beiden Seiten unterschrieben wird. Bei vielen Lehrstühlen ist das gang und gäbe. Im Fall aller Fälle kannst Du Dich dann darauf berufen. Diese Vorgehensweise würde ich für Bachelor- und Master-Arbeiten empfehlen. Für Seminararbeiten ist sie aus meiner Sicht übertrieben.

Welche Rolle die Sympathie spielt

Eine weitere wichtige Komponente ist die Sympathie. Ich hätte niemals eine Abschlussarbeit bei einem Betreuer absolviert, der mir unsympathisch ist. Es kann im Laufe der Arbeit immer vorkommen, dass etwas nicht so läuft wie geplant. Vielleicht widerlegen die Umfrageergebnisse die These, anstatt sie zu unterstützen, die Experten sagen Dir ab oder der Aufwand der Prototyperstellung ist viel höher als geplant. In solchen Situationen ist es wichtig, einen Betreuer zu haben, der Dich unterstützt und mit dem Du gemeinsam eine Lösung finden kannst. Wenn Euer Verhältnis schlecht ist, wird er dagegen vielleicht sagen, dass Du einfach noch mal von vorne anfangen sollst.

6.4 Wie Du bei Abschlussarbeiten punktest

Auch ist es sehr vorteilhaft, wenn Dir Dein Betreuer bei Fragen so schnell, wie möglich zur Verfügung steht. Manchmal kannst Du nicht weiterarbeiten, wenn noch Punkte offen sind. Hier lohnt es sich abzuklären, wie lange Dein Betreuer sich Zeit lassen darf, um Deine E-Mails zu beantworten. Auch machst Du am Besten gleich aus, wie viele persönliche Treffen ihr vornehmt. Ein Treffen pro Monat ist dabei das absolute Minimum. Hat der Betreuer einen vollen Terminkalender, kann es auch sinnvoll sein, die Termine für die Treffen Deiner Arbeit im Voraus für die gesamte Dauer festzulegen. Das hat für Dich den Vorteil, dass Du zwischen den Treffen neue Ergebnisse produzieren musst, da Du schließlich nicht mit leeren Händen dastehen willst.

Wie Du optimal in Deine Arbeit startest

Vor dem Beginn der Arbeit fragst Du Deinen Betreuer nach relevanter Literatur. Mit einer hohen Wahrscheinlichkeit wird er Dir die wichtigsten Autoren nennen und Du kannst Dir dadurch einiges an Recherchezeit sparen. Da heute die meisten Papers online zur Verfügung stehen, schickt er Dir die, die für Deine Arbeit relevant sein könnten, bei Nachfrage vielleicht sofort. Dann kannst Du unmittelbar damit anfangen, Dich in das Thema einzuarbeiten.

Außerdem ist es auch wichtig, Dir die Literatur zu besorgen, die von dem Professor bzw. von Deinem Betreuer herausgegeben wurde. Aus dieser kannst Du erschließen, welche Quellen am Lehrstuhl am meisten zitiert werden und Dir diese auch beschaffen. Auch kann es sinnvoll sein, Dir umgehend alle relevanten Bücher in der Bibliothek zu reservieren. Da manche davon wahrscheinlich entliehen sind, kannst Du sicherstellen, dass Du auf sie noch innerhalb Deiner Arbeit zugreifen kannst.

Wenn Du die Literatur durchgearbeitet hast, ist es sinnvoll, eine Gliederung für Deine Arbeit zu erstellen und diese mit Deinem Betreuer durchzusprechen. Dieser wird Dir noch wertvolle Anregungen dazu geben. Auch wenn sich die Gliederung aus irgendwelchen Gründen ändert oder Du sie nur verfeinert hast, kannst Du Rücksprache mit Deinem Betreuer halten. Dieser bewertet schließlich Deine Arbeit und es ist daher wichtig, dass er einverstanden ist. Erst wenn die entsprechenden Gliederungspunkte abgesegnet sind, würde ich mit dem Schreiben bzw. deinem praktischen Teil anfangen.

Warum das Abstract bzw. die Zusammenfassung so wichtig ist

Beim Schreiben Deiner Arbeit sind das Abstract (deutsch: Zusammenfassung) und der Schluss die wichtigsten Teile. In vielen Fällen hat der Professor keine Zeit, die komplette Arbeit zu korrigieren. Daher verlässt er sich auf das Gutachten Deines Betreuers (meistens eines Doktoranden) und sieht sich selbst nur das Abstract und den Schlussteil mit den Ergebnissen durch. Achte darauf, dass diese perfekt sind. Am besten lässt Du sie von Kommilitonen auf einen schlüssigen Inhalt hin korrigieren. Außerdem würde ich einen Fachfremden hinzuziehen, der auf eine korrekte Sprache Deiner Arbeit achtet. Hier solltest Du Dir keine Fehler erlauben, da dies leicht zu Abzügen in Deiner Arbeit führen kann. Wenn Du die Arbeit von Kommilitonen durchschauen lässt, ist es wichtig, dass Du ihnen frühzeitig Bescheid sagst, wann die Arbeit fertig ist und ihnen mindestens eine Woche Zeit für die Korrektur gibst. Der Umfang Deiner Arbeit macht die Korrektur zu einem zeitaufwändigen Unterfangen. Diese Vorgehensweise setzt voraus, dass Du in Deinen Zeitablauf einen Puffer eingeplant hast.

Was ins Literaturverzeichnis gehört

Ein Aspekt, der bei vielen wissenschaftlichen Arbeiten nicht ernst genug genommen wird, ist das Literaturverzeichnis. Dieses sollte einen gewissen Umfang nicht unterschreiten. Das kannst Du Dir an den verschiedensten Papern verdeutlichen. Oft folgen auf acht bis zehn Seiten Text zwei bis drei Seiten Literaturangaben. Damit wird die Botschaft gesendet: „Ich habe gut recherchiert!" Achte darauf, dass Du viel Literatur zitierst.

Ein ungeschriebenes Gesetz ist, dass Du Deinen Professor und Deinen Betreuer mindestens einmal zitierst. Damit zeigst Du, dass Du ihre Werke gelesen hast und sprichst ihnen gleichzeitig Anerkennung aus. Wenn Du eine Arbeit verfasst hast und andere sich darauf berufen, würdest Du Dich auch freuen. Dies schafft einen unbewussten Sympathiebonus. Falls sinnvoll, kannst Du auch andere Professoren und Mitarbeiter am Lehrstuhl zitieren. Damit signalisiert Du, dass Du über die aktuellen Forschungsergebnisse informiert bist. Auch lohnt es sich, darauf zu achten, dass Du möglichst viele für Deinen Bereich relevante Autoren im Literaturverzeichnis stehen hast. Diese Information bekommst Du von Deinem Betreuer und indem Du Dir die Zitate der Arbeiten des Lehrstuhls durchschaust.

6.5 Die Konsequenzen eines Topstudiums

Wenn Du Dein Studium mit guten Noten abschließt, ist es leichter eine gute Arbeitsstelle zu bekommen. Besonders, wenn Du zu einer Unternehmensberatung oder Anwaltskanzlei willst, kann Dir ein guter Notendurchschnitt die Tür öffnen. Auch sind Deine Chancen oft höher, einen Platz für ein Auslandssemester zu bekommen oder ein Stipendium zu gewinnen. Ebenso bekommst Du Bestätigung von außen: Viele aus Deinem Umfeld werden stolz auf Dich sein und Deine Leistung anerkennen. Du signalisiert mit guten Noten zusätzlich Ehrgeiz und Kompetenz und Dir wird mehr zugetraut.

Gute Noten verlangen einigen Zeitaufwand und viel Disziplin. Du musst Dich auf jede Prüfung ordentlich vorbereiten und ständig am Ball bleiben. Das kann schon mal die eine oder andere Studentenparty kosten, die Du zu Gunsten eines zusätzlichen Lernabends ausfallen lassen musst. Natürlich wird es auch Neider geben, die Dir gute Noten nicht gönnen oder versuchen, Deine Arbeitskraft und Deinen Ehrgeiz in Gruppenarbeiten auszunutzen. Sei diesen nicht böse, sie haben wahrscheinlich nur andere Prioritäten im Leben.

Zusammenfassung

- Mit einem Lernplan kannst Du Dich optimal auf Prüfungen vorbereiten. Altklausuren können Dich dabei zusätzlich unterstützen.
- Wenn Du den Stoff aufbereitest (beispielsweise in Form einer Mind-Map) und an Deinen Lerntyp anpasst, fällt Dir das Lernen wesentlich leichter.
- In Gruppenarbeiten ist eine gemeinsame Zielsetzung sehr wichtig.
- Oft ist eine gelungene Präsentation ausschlaggebend für die Note.
- Bei einer Bachelor- oder Masterarbeit fungierst Du als Dienstleister für Deinen Betreuer oder Professor. Mit einem einwandfreien Abstract und einem ausführlichen Literaturverzeichnis kannst Du sie überzeugen.

Folgende Kapitel können Dich auch interessieren:
Kapitel 4 Schnell zum Abschluss – so geht es
Kapitel 7 So spielst du ganz oben mit
Kapitel 13 Traumjob leicht gemacht

So spielst du ganz oben mit 7

Zusammenfassung

In diesem Kapitel erfährst Du, was die Jahrgangsbesten anders machen als die anderen Studenten. Das kann Dir helfen, selbst ganz oben mitzuspielen.

7.1 Warum Du Dich von den andern abheben willst

Du willst ein absoluter Topstudent sein? Hier kommen die Gründe dafür:

- Du möchtest in ein Topunternehmen oder eine Eliteuniversität aufgenommen werden. Diese achten besonders darauf, wie Du im Vergleich zu anderen abschließt.
- Ein Abschluss unter den Besten kann Dir viel Anerkennung und Respekt einbringen. Möglicherweise wirst Du sogar durch einen Preis geehrt.
- Du möchtest Dir beweisen, dass Du ganz oben mitspielst.
- Du bist der Meinung, dass Du durch harte Arbeit viel erreichen kannst.
- Es macht Dir Spaß, Dich mit anderen zu messen. Der Konkurrenzkampf ist ein wichtiger Motivationsfaktor für Dich.

7.2 Wie Du ganz oben mitspielst

Für Dich geht es im Studium nur um eins: beim Notenspiegel jeder Prüfung ganz vorn mitzuspielen. Darum ist es wichtig, sich einen Vorteil gegenüber den anderen Studenten zu verschaffen. Der frühere amerikanische Präsident Abraham Lincoln hat auf die Frage geantwortet, was er machen würde, wenn er acht Stunden Zeit hätte einen Baum zu fällen, dass er sechs Stunden lang damit verbringen würde, seine Axt zu schärfen. Diese Metapher sagt aus, dass es am sinnvollsten ist, seine Werkzeuge in Schuss zu bringen und dann erst loszulegen. Übertragen auf das Studium bedeutet dies, dass Du all das optimieren darfst, was mit dem Studium zusammenhängt. Du kannst Dich mit den folgenden Bereichen beschäftigen:

- **Schnelllesetechniken**: Nur die wenigsten Studenten verwenden sie. Mit den verschiedenen Methoden kannst Du Deine Lesegeschwindigkeit (einigen Übungsaufwand vorausgesetzt) verdoppeln bis vervierfachen. Dabei gibt es sehr unterschiedliche Varianten. Eine häufig genannte Methode basiert darauf, dass wir die interne Stimme ausschalten. Die meisten lesen so, dass sie sich die Texte selbst vorlesen. Damit bremsen wir uns selbst aus, da das Auge und die visuelle Erfassung des Textes viel schneller sind. Auch geht es darum, dass wir von dem Wort für Wort lesen weg kommen und ganze Sätze und später Absätze gleichzeitig erfassen. Ein Einwand, den viele äußern, ist, dass wir weniger vom Inhalt verstehen. Dem kann ich aus eigener Erfahrung widersprechen: Wenn ich einen Text schnell lese, muss ich mich stark darauf konzentrieren. Lese ich den Text dagegen langsam, schwirren mir Gedanken durch den Kopf, die mich immer wieder ablenken. Durch Schnelllesetechniken konnte ich meine Lesegeschwindigkeit bei gleichem Textverständnis fast verfünffachen. Für Dein Studium sind diese Techniken natürlich Gold wert. In Klausuren kannst Du die Aufgaben schneller erfassen, Du brauchst weniger Zeit, um die Literatur für Deine Haus- und Forschungsarbeiten durchzuforsten und hast die Skripten flotter durchgearbeitet. So hast Du einen deutlichen Vorteil. Das Speedreading kannst Du bei unterschiedlichen Anbietern in Seminaren lernen. Dabei solltest Du darauf achten, dass die Angebote seriös wirken und genug Zeit für Übungen eingeplant ist. Eine kostengünstige Alternative zu einem Seminar ist der Online-Kurs von Speedreadinghabit, den Du unter folgendem Link findest: http://www.speedreadinghabit.com
- **Lern- und Merktechniken**: Lerntechniken habe ich schon im letzten Kapitel angeschnitten. Da so wenige sie benutzen, kannst Du Dir damit einen großen Wettbewerbsvorteil verschaffen. Viele sehr erfolgreiche Studenten haben im Studium mit speziellen Lerntechniken gearbeitet und es während dieser Zeit keinem verraten. Erst danach geben sie zu, dass die richtigen Techniken ein Geheimnis ihres Erfolgs waren. Ich kann Dir empfehlen, Dich intensiv mit den verschiedensten Lerntechniken auseinander zu setzen und zu testen, was für Dich gut funktioniert und was nicht. Der Markt ist unübersichtlich geworden und die richtige Technik ist sehr von der Person und vom Studienfach abhängig. Ich rate Dir, in einen Buchladen zu gehen und in den Büchern zu den Themen herum-

zuschmökern. Wahrscheinlich findest Du schnell heraus, was zu Dir passt und was nicht.
- **Zeit- und Selbstmanagement**: Wenn Du unter den Besten mitmischen möchtest, ist es wichtig, dass Du sehr gut organisiert bist. Eine genaue Planung ist erforderlich, damit Du auf jede Prüfung bestens vorbereitet bist. Im Kap. 4 habe ich Dir schon einige Konzepte des Zeitmanagements vorgestellt. Wenn Du unter den Besten abschließen möchtest, kann ich Dir raten, Dich umfassend mit dem Zeit- und Selbstmanagement auseinanderzusetzen. Wenn Du es schaffst, Dich selbst gut zu organisieren und diszipliniert vorzugehen, dann hast Du einen großen Vorteil gegenüber den anderen. Literaturempfehlungen zum Thema findest Du am Ende dieses Buches. Um langfristig erfolgreich zu sein, ist es zudem sinnvoll, eine gesunde Balance zu finden. Sicher kannst Du Deinen Tagesablauf so optimieren, dass Du Dich noch intensiver mit Deinem Studium beschäftigen kannst. Jedoch wird es Dich mit großer Wahrscheinlichkeit nicht glücklich machen, wenn Du nicht auch Zeit für Deine Freunde, Familie und Hobbies übrig hast.
- **Rhetorik und Präsentationstechniken**: Im vorigen Kapitel habe ich schon erwähnt, dass es eine große Rolle spielt, wie Du Deine Ergebnisse in Seminaren präsentierst. In Kursen kannst Du lernen und üben, wie Du dies richtig angehst und wie Du einen guten Eindruck bei Deinen Zuhörern hinterlässt. Dabei bekommst Du Tipps, wie Du Deine Körpersprache und Deine Mimik optimal einsetzen kannst. Auch lernst Du, wie Du den Inhalt richtig strukturierst und so aufbaust, dass Dir Deine Zuhörer leicht folgen können. Sei jedoch vorgewarnt, dass ein gutes Foliendesign, welches wenig Text impliziert, in der Universität oder Hochschule nicht immer gut ankommt. Ich habe es oft erlebt, dass nur die Folien bewertet wurden, nicht jedoch die Präsentation. Die Folien sind dann der Ersatz für eine schriftliche Ausarbeitung und sollten dementsprechend textlastig sein.

Während Du Dir das Wissen auch aus Büchern aneignen kannst, ist es aus meiner Erfahrung leichter, es in Seminaren und Kursen zu erlernen. Dort bist Du in einer Gruppe, die sich gegenseitig unterstützt. Auch hast Du die Möglichkeit, Fragen zu stellen, wenn Du an manchen Punkten nicht weiterkommst. So lässt die Motivation nicht so schnell nach. Allerdings ist es, wie alles im Leben, Übungssache und Du kannst nicht davon ausgehen, dass Du die Techniken, wenn Du aus dem Seminar kommst, komplett beherrschst. Bei regelmäßiger Anwendung helfen sie Dir, Dich von Deinen Konkurrenten abzuheben. Möglicherweise macht das genau den Unterschied, den Du brauchst. Ganz nebenbei machen sich die Seminare gut im Lebenslauf. Du hast Dich in Deiner Freizeit weitergebildet. Übrigens bieten die meisten Seminaranbieter Rabatte für Studenten an. Wenn das nicht explizit angegeben ist, lohnt es sich nachzufragen.

Warum es sinnvoll ist, ständig zu vergleichen
Es ist fahrlässig, wenn Du erst am Ende Deines Studiums überprüfst, wo denn die anderen stehen und dann plötzlich merkst, dass Du Dein Ziel doch nicht erreicht hast. Es lohnt sich herauszufinden, welche Kommilitonen in Deinem Studium oben mitspielen und mit diesen Rücksprache zu halten. Wie stehst Du im Verhältnis? Sind sie deutlich besser als Du oder nicht? Welchen Notendurchschnitt können sie noch erreichen, welchen erreichst Du? Wenn sie bessere Noten haben als Du, dann frage sie, wie sie das erwirkt haben. Wie und wie viel haben sie gelernt? Wenn Deine Kommilitonen auch unter den Besten abschließen wollen, werden sie es Dir nicht verraten. Ich habe jedoch die Erfahrung gemacht, dass die meisten Studenten, die sehr gute Noten haben, an dieser Kennzahl nicht interessiert sind. Auch haben viele gar nicht nachgefragt und wissen im Endeffekt nicht, wo sie stehen.

Wie Du das System überlistest
Möglicherweise brauchst Du gar nicht viel besser als die meisten zu sein, sondern es reicht aus, wenn Du früher fertig bist. Bei mir war es so, dass zwei Kandidaten die Möglichkeit gehabt hatten, besser als ich abzuschließen. Allerdings haben beide ein Semester länger gebraucht, so dass sie in die Statistik für das darauf folgende Jahr mit eingegangen sind. Für diese Vorgehensweise ist es sehr sinnvoll, wenn Du Dich vorher informierst, wie die Rangliste in Deiner Hochschule oder Universität aufgestellt wird. Fließen nur die Studenten eines Studienjahrgangs mit ein oder werden auch ältere Studenten, die zur gleichen Zeit abschließen, mit einberechnet? Im letzteren Fall kann es vorkommen, dass Du mit einem anderen Jahrgang konkurrierst. Natürlich ist diese Methode auch umgekehrt möglich: Du lässt Dir für das Studium mehr Zeit, um der Konkurrenz aus einem möglicherweise sehr starken Jahrgang zu entgehen. Allerdings darfst Du Dich dann mit einem neuen Jahrgang messen.

Warum Noten alles sind
Im Endeffekt entscheidet eine kleine Zahl, Deine Durchschnittsnote, ob Du unter den Besten abgeschnitten hast oder nicht. Deshalb sollte es Deine höchste Priorität sein, Dein Studium auf die bestmöglichen Noten auszurichten. Informiere Dich genau, bei welchen Fächern die besten Noten herausspringen und belege diese dann konsequent. Setze Deinen Lernfokus auf die Fächer mit den meisten

ECTS-Punkten. Ebenso kannst Du Dir einen großen Vorteil gegenüber den Mitstudenten verschaffen, wenn Du bei den schweren Fächern gut abschneidest. Gehe offensiv in jede Klausureinsicht und versuche möglichst viel herauszuholen. Die allermeisten tun das nicht und vielleicht kannst Du dort noch die nötigen Punkte heraushandeln.

Warum Du nur mit den Besten zusammenarbeiten solltest
Wenn Du unter den Besten abschließen willst, kann ein Team sehr hilfreich sein, das das gleiche Ziel verfolgt. Sonst kann es schwer werden, die anderen dazu zu motivieren, nach Deinem Standard zu arbeiten. Dies wird dann entweder zu Konflikten führen oder dazu, dass Du die Arbeit alleine machst. Ebenso bist Du wahrscheinlich nicht in allen Bereichen perfekt und Teammitglieder, die Dich ideal ergänzen, können sehr hilfreich sein. Ich habe mich im Studium mit zwei Kommilitonen zusammengetan, die ähnlich ehrgeizig waren wie ich. Jede Gruppenarbeit haben wir, wenn möglich, zusammen gemacht und die Ergebnisse waren durchweg sehr gut. Dies war außerdem förderlich, da wir nach einiger Zeit ein eingespieltes Team waren und somit jeder wusste, wer für was zuständig war und wer was am besten konnte. Haben wir zusammengearbeitet, war die 1,x sicher.

7.3 Die Konsequenzen als Überflieger

Wenn Du unter den Besten abschließt, hebst Du Dich deutlich von Deinen Mitbewerbern ab. Du hast bessere Chancen, in Eliteuniversitäten und Führungspositionen aufgenommen zu werden. Du zeigst, dass Du ganz oben mitspielst und der Erfolg ist sofort sichtbar. Du wirst Anerkennung für Deine Leistungen bekommen.

Logischerweise setzt Du Dich mit solch einer Zielsetzung einem großen Druck aus. Du kannst es Dir wahrscheinlich nicht leisten, einmal für eine kurze Zeit unkonzentriert zu sein und Fehler zu machen. Auch baust Du Dir einen künstlichen Konkurrenzdruck auf und wirst dadurch das Studium womöglich weniger genießen können. Zusätzlich wirst Du einige Zeit für Dein Ziel opfern müssen.

Zusammenfassung

- Durch die Beschäftigung mit Schnelllese-, Lern- und Präsentationstechniken sowie mit Methoden des Zeit- und Selbstmanagements kannst Du Dir einen Vorteil sichern.
- Durch ständiges Überprüfen, wo Du stehst, kannst Du sicherstellen, dass Du nicht auf dem Holzweg bist.

- Wenn Du schneller fertig wirst, hast Du die Nase vorn und läufst Deinen Wettbewerbern davon.
- Noten sind alles! Suche Dir Mitstreiter, die genauso denken.

Folgende Kapitel können Dich auch interessieren:
Kapitel 4 Schnell zum Abschluss – so geht es
Kapitel 6 Der beste Weg zu guten Noten
Kapitel 13 Traumjob leicht gemacht

8 So kannst du Stipendien einsammeln

Zusammenfassung
In diesem Kapitel erfährst Du, wie du dich für Stipendien bewirbst und worauf die Stipendiengeber achten. So kannst du deine Erfolgschancen erhöhen.

Es gibt eine große Anzahl interessanter Stipendien: von finanziellen Förderungen des Studiums oder eines Auslandsaufenthalts bis hin zu Förderprogrammen mit Seminaren und eigenen Kursen. Diese machen sich im Lebenslauf sehr gut und ermöglichen es Dir, ein erstklassiges Netzwerk aufzubauen. Stipendiaten sind meist sehr engagiert und begabt und erreichen daher oft hohe Positionen in bekannten Unternehmen. Sie sind bereit, die „Neuen" bestmöglich zu unterstützen und so hat so mancher Kontakt oder Tipp die Karriere eines Stipendiaten schon nach oben katapultiert. Außerdem triffst Du unter Mitstipendiaten sehr interessante Persönlichkeiten und hast so die Möglichkeit, neue Freundschaften zu gewinnen. Ein Stipendium kann daher sehr lohnend sein. Doch wie bewirbst Du Dich am besten? Der Auswahlprozess ist in vielen Fällen mindestens in zwei Stufen gegliedert: die schriftliche Bewerbung und ein Auswahlgespräch.

8.1 Wie Du die schriftliche Bewerbung meisterst

Du solltest darauf achten, dass Deine Bewerbung kurz und bündig ist. Stipendienprogramme bekommen oft Hunderte von Bewerbungen und es ist daher wichtig, dass Dein Anschreiben Deine Vorzüge übersichtlich herausstellt. Als Alumnus eines Stipendienprogramms war ich an der Bewertung der schriftlichen Bewerber beteiligt. Ich hatte einen Ordner von knapp 100 Bewerbungen vor mir. Nur mit Überfliegen der Anschreiben habe ich schon zwei Stunden zugebracht. Da hat es mich sehr gestört, wenn jemand die Begrenzung von einer Seite nicht eingehalten und stattdessen zwei oder mehr Seiten abgeliefert hat. Dies macht einen schlechten Eindruck und sorgt sicherlich dafür, dass die Bewertung bewusst oder unterbewusst niedriger ausfällt.

Was hebt Dich von den anderen ab?

Weiterhin ist es wichtig, dass Du den Fokus darauf legst, was das Besondere genau an Dir als Bewerber ist. Die Gutachter müssen schlussendlich eine Entscheidung treffen und daher die Bewerbungen vergleichen. Die meisten Bewerber haben in der Schule und im Studium gute Noten gehabt, so dass Du dies nicht extra erwähnen musst. Auch ist das Anschreiben nicht dazu geeignet, Deinen Lebenslauf zu wiederholen, sondern die Perlen ausführlicher zu beschreiben. Erläutere genau das, was Dich von den anderen Bewerbern unterscheidet und Dich für das Stipendium interessant macht. Dazu ist es unumgänglich, die Anforderung an dieses genau zu studieren. Sind die Stipendiengeber daran interessiert, dass Du tolle Sprachkenntnisse hast oder wollen sie wissen, inwiefern Du Dich sozial engagiert hast? Stellst Du die richtigen Punkte heraus, machst Du es den Bewertern leicht, Dir eine gute Punktzahl zu geben. Weiterhin darfst Du darauf achten, die Dinge zu nennen, die gegenwärtig relevant sind. Wenn Du schon drei Jahre studierst, wird es keinen mehr interessieren, an welcher Arbeitsgemeinschaft Du in der siebten Klasse teilgenommen hast oder ob Du mit 13 Jahren mal in einem Fußballturnier erfolgreich warst.

Warum Du andere Personen mit in Deine Bewerbung einbeziehen solltest

Eigentlich ist es obligatorisch, doch ich habe es oft anders gesehen. Deine Bewerbung sollte fehlerfrei und grammatikalisch korrekt sein. Lass ein paar Freunde, Deine Eltern oder Verwandten darüber lesen, um Fehler ausschließen zu können. Wenn Deine Bewerbung vor Fehlern strotzt, macht es den Eindruck, dass Du Dich nicht sehr darum bemüht hast und Dir daher das Stipendium nicht so wichtig ist. Dadurch verschenkst Du unnötig Punkte. Im besten Fall kennst Du jemanden, der sich mit Bewerbungen auskennt und Dir zusätzlich inhaltliche Tipps geben kann. Ebenso kannst Du Deine Freunde und Bekannten fragen, ob Du ihre Bewerbungsschreiben sehen kannst. Es macht allerdings nur Sinn, sich solche Schreiben anzuschauen, mit denen sie auch erfolgreich waren.

8.2 Wie Du bei Bewerbungsgesprächen glänzt

Der erste Eindruck fängt mit der Kleidung an. Dabei ist es besser, etwas overdressed zu sein, als zu leger. Wenn Du Dir unsicher bist, dann ruf vorher an und frage nach, welche Kleidung angemessen ist. So bist Du auf der sicheren Seite. Ganz wichtig ist es, dass Du pünktlich da bist, am besten 15 min vor dem Gespräch, damit Du zur Not noch etwas Pufferzeit hast. In den allermeisten Fällen fliegst Du sofort aus dem Bewerbungsverfahren, wenn Du zu spät kommst. Das ist eine vertane Chance, da der Stipendiengeber grundsätzlich an Dir interessiert ist, wenn er Dich eingeladen hat.

Wie die richtige Vorbereitung Dir den entscheidenden Vorteil bringt

Für das Gespräch ist es förderlich, wenn Du im Vorfeld gut darüber Bescheid weißt. Am Besten nutzt Du die Chance und unterhältst Dich vorher mit Stipendiaten. Dafür sind beispielsweise Recruiting- oder Werbeveranstaltungen für das Stipendium prädestiniert. Wenn Du an diesen nicht teilnehmen kannst und auch keine Stipendiaten kennst, gibt es noch eine andere Möglichkeit. Du suchst bei Xing nach dem Stipendium. Die meisten Stipendiaten sind stolz darauf und haben es daher auch in ihrem Profil angeben. Nun kannst Du sie anschreiben und ihnen Deine Fragen stellen. Wenn Du so Insiderwissen angesammelt hast, kannst Du damit im Gespräch glänzen. Auch kannst Du die Stipendiaten fragen, worauf Du im Auswahlgespräch achten solltest.

Für das Gespräch selbst ist eine optimale Vorbereitung erforderlich. Für die Standardfragen nach den drei größten Stärken und Schwächen, sowie zu den drei bedeutendsten Ereignissen in Deinem Leben, solltest Du eine wohldurchdachte Antwort parat haben. Auch ist es sehr hilfreich, wenn Du den Fragen, warum Du Dich für das Stipendium beworben hast und warum gerade Du genommen werden solltest, souverän entgegentreten kannst. Auch ist die Frage sehr beliebt, wie Du Dich denn im Stipendium einbringen kannst. Dafür ist erforderlich, dass Du weißt, welche Möglichkeiten dafür bestehen. Oft ist es so, dass Stipendiaten in Ressorts organisiert sind und selbstständig Aufgaben, wie die Organisation von Recruiting-Events, durchführen. Wenn Du schon eine Idee hast, wo Du Dich einbringen möchtest, ist das ideal. Am Ende des Gespräches hast Du die Gelegenheit, eigene Fragen zu stellen. Hier kommt es gut an, wenn Du selbst ein paar Fragen vorbereitet hast. Dies zeugt von Interesse.

Wie Du Brain-Teaser löst

Zusätzlich werden Dir in den Gespräch meist sogenannte Brain-Teaser gestellt, um Deine analytische Denkfähigkeit zu testen. Eine mögliche Aufgabe ist: Bei wie viel Grad steht der Stundenzeiger bei einer Uhr, wenn sie zwanzig nach drei anzeigt? Dabei kommt es nicht darauf an sofort eine richtige Lösung zu geben, sondern zu beschreiben, wie Du an die Aufgabe herangehst. Du kannst zunächst erzählen, dass um drei Uhr zwanzig der Stundenzeiger sich von der Drei auf die Vier ein Drittel zu bewegt hat. Das Drittel kommt dadurch zu Stande, dass 20 min ein Drittel von 60 min sind. Da der Kreis 360° hat, sind die Abstände zwischen den zwölf Zahlen 30° groß. Bei drei Uhr und zwanzig Minuten ist der Stundenzeiger also bei drei vollen und einer Drittel 30°-Wanderung. 100° sind die richtige Lösung. Wenn Du nicht weiter weißt, dann kannst Du die Ideen erzählen, die Dir im Kopf rumschwirren. Wenn Du auf dem richtigen Weg bist, werden die Prüfer Dir in vielen Fällen Hinweise geben. Zur Not kannst Du auch nachfragen, ob Du einen Tipp bekommen kannst. Alles ist besser, als nichts zu sagen.

Wie Du an Schätzaufgaben herantrittst

Beliebt sind auch Schätzaufgaben, wie die Frage danach, wie viele niedergelassene Zahnärzte es in Deutschland gibt. Bei diesen kommt es keineswegs darauf an, die richtige Lösung zu erraten. Es geht darum, dass Du Dir eine logische Antwort konstruierst. Du kannst beispielsweise so beginnen, dass Du davon ausgehst, dass in Deinem Heimatort mit 10.000 Einwohnern neun Zahnärzte angesiedelt sind. Du bestimmst nun das Verhältnis von Einwohnern pro Zahnarzt. Dabei rundest Du (dies ist in solchen Aufgaben durchaus erlaubt) und kommst damit auf einen Zahnarzt pro 1000 Einwohner. Damit bist Du bei 80.000 niedergelassenen Zahnärzten in Deutschland, wenn Du von 80 Mio. Einwohnern ausgehst. Dies ist nicht so weit von dem richtigen Ergebnis, 60.000 Zahnärzten, entfernt.

Im Internet findest Du viele Beispiele zu Schätzaufgaben und Brain-Teasern. So hast Du die Gelegenheit, das Vorgehen zu üben. Besonders die Brain-Teaser können bei langen Autofahrten für Beschäftigung sorgen. Bei politisch geförderten Stipendien kann es obendrein sein, dass Allgemeinbildung abgefragt wird. Dafür ist es hilfreich, wenn Du regelmäßig renommierte Zeitungen liest und gut über das Geschehen der letzten Jahrzehnte Bescheid weißt.

Warum Auswahlgespräche Übungssache sind

Ich weiß es aus eigener Erfahrung: Beim ersten Auswahlgespräch bist Du sehr aufgeregt und beantwortest ein paar Fragen möglicherweise nicht so gut, wie Du es könntest. Beim zweiten Gespräch bist Du schon viel ruhiger und kannst Dich besser verkaufen. Beim dritten und vierten Gespräch ist dann bereits etwas Routine vorhanden und für die Standardfragen hast Du souveräne Antworten parat. Deshalb empfehle ich Dir, Dich nicht nur für die Stipendien zu bewerben, für die Du Dich brennend interessierst, sondern noch ein paar andere Bewerbungen abzuschicken. So hast Du die Gelegenheit, die Auswahlgespräche zu üben. Die Erfahrungen helfen Dir dann, Dich für die relevanten Gespräche vorzubereiten. Vielleicht merkst Du, dass Du für einige Fragen keine gute Antwort parat hast oder manche Deiner Antworten nicht gut angekommen sind. Bei Deinen Wunschstipendien hast Du dann einen Vorteil gegenüber den anderen Bewerbern, die solche Erfahrungen nicht gemacht haben.

Warum das erste Stipendium das schwerste ist

Allgemein gilt, dass das erste Stipendium am schwersten zu bekommen ist. Hast Du schon ein oder mehrere Stipendien gesammelt, ist es für die Jury leichter, Dich auszuwählen. Du hast Dich bereits in einem harten Auswahlprozess behauptet und bist jetzt erneut weit fortgeschritten. Das ist ein guter Indikator dafür, dass Deine Leistungen konstant hoch bleiben. Dies ist für den Stipendiengeber wichtig, da er möglichst hoch qualifizierte und begabte Personen an das Programm binden möchte, die später die Möglichkeit haben, wieder etwas an das Programm zurückzugeben. Außerdem müssen sich die Stipendienprogramme auch gegenüber ihren Förderern behaupten, indem sie belegen können, dass sie ausgezeichnete Leute ausgewählt haben.

Zusammenfassung

- Wenn Du Dich im Vorfeld gut über das Stipendium informierst, hast Du in der Bewerbung einen Vorteil und fühlst Dich sicherer.
- In der Bewerbung ist es wichtig, das herauszustellen, was Dich von den anderen abhebt. Dabei sind nur die Dinge relevant, die Du in den letzten Jahren gemacht hast.
- Achte bei der schriftlichen Bewerbung darauf, die formalen Kriterien einzuhalten und lass sie von jemandem gegenlesen.
- Bereite Dich ausführlich auf die Auswahlgespräche vor. Versuche so viele Informationen wie möglich über das Stipendium zu bekommen und übe mögliche Aufgabenstellungen.
- Bewirb Dich am besten auch für Stipendien, die nicht in Deiner engeren Auswahl sind, um Erfahrungen mit Auswahlgesprächen zu sammeln.

Die Zwischenbilanz: das erste Studienjahr 9

> **Zusammenfassung**
> Nach dem ersten Studienjahr ist es Zeit, inne zu halten und zu überprüfen, ob Du mit Deinem Studium zufrieden bist. Was Du tun kannst, wenn dies nicht der Fall ist, erfährst Du in diesem Kapitel.

9.1 Ist Studieren überhaupt, das Studienfach und der Studienort das Richtige für Dich?

Nach den ersten Semestern ist es Zeit, eine Bilanz zu ziehen, und zu überlegen, ob Studieren das Beste für Dich ist. Du hast nun einen guten Eindruck gewonnen, wie das Studium abläuft, wie die Prüfungen sind und was Du lernen und erwarten kannst. Vor allem weißt Du, ob Dir das Studieren an sich gefällt. Dabei solltest Du Dir zunächst einmal überlegen, ob es Dir Spaß macht, und zwar so viel, dass Du Dir vorstellen kannst, bis zum Abschluss weiterzumachen. Du weißt, ob du mit dem Studienalltag aus Vorlesungen, Hausarbeiten und dem Lernen für Prüfungen klar kommst und die nötige Selbstdisziplin hast, erfolgreich durch das Studium zu kommen. Du bist Dir im Klaren, wie Du mit ungleichmäßig verteilten „Arbeitszeiten" mit wenig Arbeit am Anfang des Semesters und teilweise extrem stressigen Prüfungsphasen umgehen kannst. Mache Dir nun ein Urteil, ob Dir das Studium an sich gefällt.

Als Nächstes darfst Du Dir überlegen, ob Dir Dein Studienfach wirklich zusagt. Interessierst Du Dich stark genug dafür, um Dich eventuell Dein ganzes Leben lang damit beschäftigen zu wollen? Kommst Du damit klar, dass Du hauptsächlich auf theoretisches Wissen zugreifst und die Praxis oft zu kurz kommt? Viele neue Studenten sind anfangs sehr überrascht, wie stark sich doch der universitäre Unterrichtsstil vom Inhalt und vom Grad der Detailtiefe von der Schulzeit unterscheidet.

Wie geht es Dir mit den Pflichtnebenfächern? Für Psychologiestudenten sind beispielsweise die Statistikkurse eine Herausforderung, für die Biologiestudenten die Chemievorlesungen. Hast Du die Fähigkeit, diese Pflichtfächer zu bestehen? Mache Dir nun ein Urteil, ob Dir Dein Studienfach liegt.

Zusätzlich kann der Studienort einen großen Einfluss auf Deine Zufriedenheit im Studium haben. Ermöglicht Dir Dein Studienort einen angemessenen Lebensstandard oder sind die Mieten und Lebenserhaltungskosten zu hoch? Finden sich genügend Freizeit- und Sportangebote, so dass Du Deinen Hobbys nachgehen kannst? Als leidenschaftlicher Surfer fühlst Du Dich eventuell in den Bergen nicht so wohl, als regelmäßiger Skifahrer bist Du wohl am Meer nicht optimal aufgehoben. Sind nette Leute in Deinem Alter am Ort, so dass Du neue Freunde finden konntest? Weiterhin spielt auch die Kultur eine Rolle. Als Norddeutscher habe ich beim Studieren in München so manchen Kulturschock erlebt. Ich bin mir sicher, dass ein Süddeutscher in Hamburg erst einmal Ähnliches erlebt. Zusätzlich kann es noch einen Einfluss haben, ob Du Dich eher in ländlichen Regionen oder Großstädten wohlfühlst. Überlege Dir nun, ob Du mit Deinem Studienort zufrieden bist.

Konntest Du Dir eine Meinung über Dein Studium bilden? Fiel diese positiv aus, dann ist alles gut. Du hast das richtige Studium für Dich gewählt. Andernfalls ist es wahrscheinlich Zeit für eine Veränderung.

9.2 Wann ein Studienwechsel sinnvoll ist

Wenn Du merkst, dass Deine Motivation im Studium gleich Null ist, rate ich Dir, einen Studienwechsel in Erwägung zu ziehen. Natürlich solltest Du nicht verzagen, wenn es Dir mal ein oder zwei Wochen keinen Spaß mehr macht; solche Phasen kommen bei jedem vor. Natürlich gibt es in jedem Studium auch Pflichtprüfungen, welche Dir vermutlich keinen Spaß machen. Wenn Du jedoch merkst, dass es Dir über einen längeren Zeitraum, also mindestens einen bis drei Monate, absolut keine Freude mehr bereitet, Dich die Kernthemen des Studiengangs nicht interessieren und Du Dich nur noch zwingen musst, würde ich darüber nachdenken, zu handeln. Das kann aus meiner Erfahrung daher rühren, dass Du in Deinem Studium Deine Stärken nicht ausspielen kannst und Dich deshalb nicht wohlfühlst.

Am besten vereinbarst Du einen Termin mit Deiner Studienberatung und diskutierst Deine Situation. Meistens kann sie Dir wertvolle Tipps geben. Auch sei bitte nicht zu sehr betrübt, dass Du Dich in eine ungünstige Situation hineinmanövrierst, sondern betrachte die positiven Aspekte. Viele können sich erst nach fünf oder zehn Jahren im Beruf eingestehen, dass sie all die Jahre etwas gemacht haben, was sie nicht erfüllt. Dann ist es viel schwieriger, noch etwas daran zu ändern. Du bist schon jetzt an diesem Punkt angelangt. Im Studium hast Du noch alle Möglichkeiten, Deinen Kurs neu zu bestimmen und nur weil Du ein bestimmtes Fach studiert hast, heißt es längst nicht mehr, dass Du in diesem Bereich später arbeiten musst. Prinzipiell gilt, je früher Du handelst, desto besser.

Wenn Du Dich kurz vor Ende des Studiums befindest, ist es sinnvoll, Dein Studium trotzdem abzuschließen. Vielleicht öffnet der Abschluss Dir später einmal eine Tür und Du wirst auf jeden Fall sehr stolz auf Dich sein, wenn Du es trotz aller Widerstände geschafft hast. Eine Möglichkeit ist es, dass Du den Rest des Studiums in Rekordgeschwindigkeit absolvierst. Am besten liest Du dazu das entsprechende Kapitel in diesem Buch. Befindest Du Dich am Anfang oder in der Mitte des Studiums, darfst Du über einen Studienwechsel nachdenken. Dies ist längst nicht so schlimm, wie es sich im ersten Moment anhört und kann Dir im Gegenteil sogar viel Energie geben. Bei mir haben sich die Noten nach dem Studienwechsel drastisch verbessert und ich war insgesamt viel fröhlicher und ausgeglichener.

Ich bin mir sicher, dass Du sehr erfolgreich sein kannst, wenn Du Dich mit dem beschäftigst, was Dir wirklich Spaß macht. Meiner Meinung nach sollte sich keiner fünf Jahre lang mit etwas befassen, was ihn nicht erfüllt. Wenn Du nicht sicher bist, was Du sonst studieren könntest, kann es Dir helfen, Dir die Frage zu stellen, wie Du nun wählen würdest, wenn Du wieder ganz am Anfang Deiner Entscheidung stehen würdest. Stell Dir vor, Du hast gerade Dein Abitur bestanden und könntest jetzt ohne äußere Einflüsse frei wählen. Egal, welchen Studiengang Du Dir nun aussuchen würdest, Du würdest den Platz bekommen. Was würdest Du dann studieren? Wenn Du Dir nicht sicher bist, ob Du überhaupt weiter studieren möchtest, lohnt sich vielleicht der Gang zu einem Karriere-Coach. Dieser hilft Dir dabei, Deine Stärken und Schwächen zu entdecken und auf dieser Basis einen Beruf zu finden, der Dich erfüllt. Lies auf jeden Fall das folgende Unterkapitel.

9.3 Warum ein Studienabbruch kein Weltuntergang ist

Wenn Du gar nicht mehr studieren möchtest, ist dass auch okay. Viele prominente Beispiele zeigen, dass man trotz abgebrochenem Studium extrem erfolgreich sein kann. Der amerikanische Unternehmer Bill Gates brach sein Mathestudium an der Harvard Universität nach zwei Jahren ab, um Microsoft zu gründen. Das von Microsoft entwickelte Betriebssystem Windows ist weltweit bekannt und brachte Bill Gates Milliarden und für einige Jahre den Titel „Reichster Mensch der Welt" ein.

Der Showmaster, Journalist und Produzent Günther Jauch brach zunächst sein Jurastudium ab und wechselte an die Münchner Ludwig-Maximilians-Universität.

Nebenbei arbeitete er beim Bayerischen Rundfunk, bis die Arbeitsbelastung für ihn zu groß wurde. Er entschied sich, auch sein zweites Studium aufzugeben. Heute ist er durch seine Fernsehshows deutschlandweit bekannt und gilt als einer der höchstbezahlten Moderatoren im Land. Der Unternehmensgründer Mark Zuckerberg (geboren 1984) wurde nach ein paar gescheiterten Webprojekten durch den Aufbau von Facebook zum jüngsten Milliardär aller Zeiten. Um sich mehr auf seine Firma konzentrieren zu können, brach er 2006 sein Studium an der Harvard Universität ab.

Unter den prominenten Studienabbrechern lassen sich noch viele weitere Namen nennen, beispielsweise der Rockstar Mick Jagger, der Apple-Gründer Steve Jobs, der Showmaster Stefan Raab, die Entertainerin Anke Engelke, der Schauspieler Brad Pitt, die Eisschnellläuferin Anni Friesinger, der Modedesigner Wolfgang Joop oder der Regisseur Steven Spielberg. Diese Beispiele bedeuten natürlich nicht, dass Du nach einem Studienabbruch automatisch erfolgreich sein wirst. Sie zeigen jedoch auf, dass es durchaus möglich ist, auch ohne ein Studium Erfolg zu haben.

Auch bist du längst nicht der oder die Einzige: eine Studie der HIS-Hochschul-Informations-System GmbH belegt, dass die Studienabbruchquote bei über 20 % liegt. Das bedeutet: Von den ca. zehn Millionen Studenten in Deutschland bringen zwei Millionen das Studium nicht zu Ende. Eine Fehlinterpretation in unserer erfolgsorientierten Gesellschaft ist, dass ein Studiumsabbruch als persönliches Scheitern betrachtet wird. Dazu kommt noch die Belastung durch das Alter und die „verlorene Zeit". Jedoch kannst Du aus der Auseinandersetzung mit einem Studienabbruch auch viel über Dich selbst lernen. Es zeigt, dass Du Deinen eigenen Weg hinterfragst und dass Du mit Niederlagen umgehen kannst. Auch signalisierst Du, dass Du bereit bist, Verantwortung für Dein eigenes Leben zu übernehmen und weitreichende Entscheidungen zu treffen.

Als ich meinen Studiengang gewechselt habe, fing ich an, mich intensiv mit Persönlichkeitsentwicklung auseinanderzusetzen und erwarb dadurch die Fähigkeiten, die es mir heute ermöglichen, ein Buch zu schreiben oder Studenten zu coachen. Ohne den Studienwechsel hätte ich diese Fähigkeiten vielleicht nie erworben. Möglicherweise entdeckst Du durch einen Studienabbruch und dem damit verbundenen Fokus auf Dich selbst ganz neue Seiten an Dir.

9.4 Wie Du mit sozialen Widerständen umgehst

Du wirst höchstwahrscheinlich auf soziale Widerstände stoßen, wenn Du Deinen Studiengang wechselst oder abbrichst: Deine Freunde, Familie oder Kommilitonen werden Dir mehr oder weniger gute Argumente liefern, warum es besser ist, den

Studiengang beizubehalten. Das hat mich am Anfang sehr überrascht, bis ich angefangen habe, die Motive zu hinterfragen. Deinen Kommilitonen ist bewusst, dass Du weniger Zeit mit ihnen verbringen wirst, wenn Du nicht mehr mit ihnen studierst. So ist für sie der Studienwechsel ein Nachteil. Deine Freunde wollen (hoffentlich) nur das Beste für Dich und aus ihrer Weltanschauung ist es möglicherweise keine gute Idee, dieses Studium nicht zu Ende zu bringen.

Dieser Effekt ist meist bei Deinen Eltern und Verwandten noch stärker. Sie möchten, dass Du ein Fach studierst, damit Du später eine gute Stelle findest, eventuell in ihre Fußstapfen trittst, indem Du deren Betrieb, Praxis oder Kanzlei übernimmst. In ihrer Welt ist es vielleicht notwendig, ein Studium gradlinig abzuschließen, um von der Gesellschaft anerkannt zu werden und nicht auf der Straße zu landen. Vielleicht möchten sie auch nicht, dass Du ihre Fehler wiederholst, wenn sie selbst ihr Studium abgebrochen oder gewechselt haben und das als Vorwand dafür nehmen, dass sie nicht erfolgreich sind. Oder vielleicht wollen sie sogar, dass Du das erreichst, was sie nicht geschafft haben, z. B. ein Anwalt oder ein guter Arzt zu werden. Im Grunde spielt es auch keine Rolle, warum sie sich so verhalten. Fest steht nur, dass die meisten nur das Beste für Dich wollen, auch wenn es vielleicht im Augenblick nicht so scheint.

Ein Weg, der für mich gut funktionierte, ist es, die Motive der Kritiker herauszufinden und zu widerlegen. Wenn Du Deinen Kommilitonen versprichst, dass Du trotzdem noch regelmäßig Zeit mit ihnen verbringst, werden sie womöglich ganz anders zu Deiner Entscheidung stehen. Deinen Eltern und Verwandten kannst Du klar machen, wie gut denn die Jobaussichten in Deiner neuen studentischen und beruflichen Laufbahn sind, so dass sie sich weniger Sorgen machen. Und gute Freunde sollten Deine Entscheidung nach einem klärenden Gespräch sowieso nachvollziehen können.

Es wird sicherlich auch einige Personen in Deinem Leben geben, die Deinen Entschluss partout nicht anerkennen wollen. Da hilft es auch nicht, endlos zu diskutieren. Am besten machst Du klipp und klar deutlich, dass Du Deine Entscheidung gefällt hast und mit ihnen über dieses Thema nicht mehr debattieren möchtest. Stehe zu Dir und Deiner Entscheidung! Und denk immer daran: Es gibt nur einen Menschen auf der Welt, der weiß, was das richtige für Dich ist. Und der bist Du.

Zusammenfassung

- Nach einem Jahr Studium ist es sinnvoll die folgenden Fragen zu stellen: Macht Dir das Studium Spaß? Gefällt Dir dein Studienfach? Fühlst Du Dich in Deinem Studienort wohl?

- Wenn Dir Dein Studium über einen längeren Zeitraum keinen Spaß mehr macht, ist es keine Schande, über einen Studienwechsel nachzudenken.
- Wenn Du nicht mehr studieren möchtest, ist das völlig okay. Du bist nicht der Einzige. Zahlreiche prominente Beispiele haben belegt, dass Du auch ohne abgeschlossenes Studium sehr erfolgreich sein kannst.
- Mach was Dir Spaß macht und nicht, was andere von Dir erwarten. Selbstverständlich kannst Du die Argumente dankend annehmen und darüber nachdenken, da es Dein soziales Umfeld meist gut mit Dir meint.

Vorsicht vor den häufigsten Stolpersteinen 10

Zusammenfassung
In diesem Kapitel wird erläutert, welche die größten Stolpersteine im Studium sind. Diese sind dafür verantwortlich, dass Dein Erfolg deutlich geschmälert wird. Im Folgenden wird erklärt, worum es sich dabei handelt und wie Du mit ihnen fertig wirst.

Warum Du Dich vor Gerüchten hüten solltest

Nie habe ich so viele Gerüchte erlebt wie im Studium. Da heißt es, dass man einen 1,x Durchschnitt braucht, um am USA-Austauschprogramm teilzunehmen. Schaut man jedoch auf der Webseite nach, steht dort schwarz auf weiß, dass ein Schnitt von 2,5 ausreichend ist. Konfrontiert man die Leute damit, lassen sie sich Ausreden einfallen, wie „Ja, aber mit 2,4 wird man nicht genommen. Ich kenne keinen, der nicht mindestens eine 1,5 hatte, und genommen wurde.". Da hilft nur eines: Die Leute ignorieren und an der Quelle nachfragen. Gehe zum Beispiel zur Auslandsberatung und frage nach, wie es wirklich ist. Gerüchte breiten sich auch sehr gerne vor den Prüfungen aus. Da kommt angeblich das vom Professor ausgeschlossene Kapitel doch dran, oder die Formeln, die eigentlich zur Verfügung gestellt werden sollen, müssen plötzlich auswendig gelernt werden. Hier solltest Du die Gerüchte ebenfalls ignorieren und auf Dein eigenes Urteilsvermögen vertrauen. Wenn Du Zweifel hast, dass nicht ein Funke Wahrheit dabei ist, fragst Du am besten beim Betreuer direkt nach.

Gerüchte entstehen übrigens oft durch Fehlinterpretation und Verallgemeinerungen. Um auf das USA-Austauschprogramm zurück zu kommen, hat der Gerüchteverbreiter sich beispielsweise mit einem Teilnehmer unterhalten. Dabei kam heraus, dass dieser mit einem Schnitt von 1,5 genommen wurde. Ein anderer mit einem Schnitt von 1,6 wurde abgelehnt. Nun verallgemeinert der Gerüchtegeber diese

Information und erzählt es so, als ob dies immer der Fall ist. Die Verallgemeinerung ist jedoch nicht gültig, weil viele andere Faktoren außer Acht gelassen wurden. So ist es möglich, dass derjenige mit der 1,6 im Bewerbungsgespräch nicht überzeugt hat oder an anderen formellen Kriterien, wie beispielsweise dem Englischtest, gescheitert ist.

Warum es wichtig ist, Dich zu entscheiden, was Du nach dem Studium machst

Viele sind unentschlossen, was sie nach dem Studium machen wollen und schieben die Entscheidung immer weiter hinaus. Das geht soweit, dass sie weniger Prüfungen mitschreiben und weniger Fächer belegen. Sie lassen sich immer weitere Ausreden einfallen, wie beispielsweise „Ich will mich auf meine Noten konzentrieren.". oder „Für dieses Fach brauche ich viel Vorbereitungszeit." Manche zögern ihre Abschlussarbeit hinaus, obwohl sie sie schon längst hätten abgeben können. Andere nehmen sogar ein Urlaubssemester, um sich über ihre Ziele klar zu werden. Einige beginnen mit ihrer Promotion, damit sie die Entscheidung noch einmal zurückstellen können. Meist sind dies dann auch die Studenten, die eher fünf als drei Jahre brauchen. Frage einfach ein paar Leute, die schon im 12. oder auch im 14. Semester sind, ob sie wissen, was sie nach dem Studium machen werden. So kannst Du diese These überprüfen.

Es motiviert nicht, schnell mit dem Studium fertig zu werden, wenn Du keine Ahnung hast, was danach kommt und ob es Dir Spaß machen wird. Die einzige Möglichkeit, aus dieser Lethargie auszubrechen, ist Dich für etwas zu entscheiden. Du kannst beispielsweise einige Praktika machen, um auszutesten, was Dir Spaß macht und was nicht. Geh auch auf Karrieremessen und informiere Dich über einzelne Jobangebote. So findest Du möglicherweise etwas, was Dir Spaß machen könnte. Wenn Du auch so nicht weiter kommst, hast Du möglicherweise das Falsche studiert. Du kannst Deine Stärken in den Berufen nicht einbringen und bist daher frustriert. Eine Möglichkeit besteht darin, als Quereinsteiger zu beginnen. Bewirb Dich für Stellen, die nicht unmittelbar etwas mit Deinem Fach zu tun haben. Wenn Du das Unternehmen überzeugen kannst, dass Du mit vollem Einsatz dabei bist, hast Du unter Umständen gute Chancen. Wenn Du damit keinen Erfolg hast, kann es auch sinnvoll sein, Deinen Studiengang zu wechseln. Überlege Dir, ob Du im Nachhinein nicht vielleicht glücklicher damit bist.

Wie Selbstbetrug Deinem Erfolg im Wege steht

Im Studium kannst Du Dich wunderbar selbst betrügen. Viele verbringen den ganzen Tag in der Universität und loben sich selbst dafür. Wenn sie jedoch ehrlich sind, war dies die reinste Zeitverschwendung. Sie haben sich in den Vorlesungen nur unterhalten und nichts mitbekommen. In den Pausen waren sie mit ihren Freunden Kaffeetrinken. In den Übungsgruppen haben sie über andere Dinge diskutiert. Dann wundern sie sich, dass die Noten nicht stimmen, obwohl sie acht Stunden in der Uni waren. Jetzt stelle Dir vor, dass eine andere Person nicht in die Universität geht, sich jeden Morgen hinsetzt und nach dem Aufstehen konzentriert drei Stunden lang den Stoff wiederholt und dann etwas anderes macht. Welche dieser Personen wird wohl besser abschneiden? Die Antwort liegt auf der Hand, obwohl einer sich 40h die Woche mit den Themen beschäftigt und eine nur 15h. Gehörst Du zu den Leuten, die nur aus Gewissensgründen in den Vorlesungen hocken, jedoch überhaupt nichts davon mitnehmen?

Der Selbstbetrug kann noch weiter gehen. Beispielsweise wiederholst Du beim Lernen zunächst nur den leichten Stoff, obwohl du weißt, dass Du ihn beherrschst und schiebst somit den schweren Stoff auf. Vielleicht löst Du auch nur die leichten Übungsaufgaben, da sie Dir schnelle Erfolgserlebnisse versprechen. Du bist Dir jedoch sicher, dass die Übungsaufgaben in der Klausur viel schwerer sind. Oder Du lernst nachts bis fünf Uhr, obwohl Du Dir genau darüber im Klaren bist, dass Du Dir dann nichts merken kannst und es viel besser wäre, auszuschlafen und am nächsten Tag mit neuer Energie ins Lernen zu starten. Hör auf, Dein Gewissen mit solchen fadenscheinigen Taktiken beruhigen zu wollen und konzentriere Dich auf das, was Dich wirklich weiterbringt. Wenn Du nicht vernünftig gelernt hast, wird es Dir auch nichts bringen, bis fünf Uhr morgens irgendwelche Folien zu betrachten. Und wenn Du die schweren Aufgaben nicht verstanden hast, ist es nutzlos, wenn Du die leichteren zum dritten Mal löst. Gestehe Dir ein, dass es nicht gut gelaufen ist und zieh Deine Lehren daraus.

Warum das Aufschieben von Prüfungen wenig nützt

Oft habe ich erlebt, dass Studenten im letzten Moment von Prüfungen zurückgetreten sind. Dies ist in den meisten Fällen keine gute Idee. Du hast Dich schon mehr oder minder auf die Prüfungen vorbereitet und Dich mit dem Stoff beschäftigt. Außerdem weißt Du nicht, wie schwer oder leicht die Prüfung tatsächlich wird. Wir hatten so einen Fall einmal in einer Datenbankklausur. Die Vorlesungen und die Übung waren sehr herausfordernd und viele haben sich entschieden, die Klausur nicht mitzuschreiben. Für die anderen kam die Überraschung in der Prüfung. Diese war so leicht, dass auch die, die kaum etwas gelernt hatten, bestanden haben. Die Wiederholungsklausur dagegen war sehr schwierig, so dass die, die von der ersten Prüfung zurückgetreten sind, das Nachsehen hatten. Auch wenn Du die Klausur nicht beim ersten Mal bestehen würdest, kannst Du daraus viel mitnehmen. Du lernst, was in der Prüfung verlangt wird und kannst Dich so für die Wiederholungsklausur optimal vorbereiten. Wenn Du merkst, dass Du knapp bestehen würdest, dies jedoch nicht Deinen Zielen entspricht, kannst Du die Klausur am Ende der Prüfungszeit durchstreichen. Dann wird sie mit 5,0 bewertet.

Schiebst Du die Klausur auf ein späteres Semester, hast Du viele Nachteile. Einerseits hast Du viel Zeit verloren. Du hast Dich in gewisser Weise schon mit dem Stoff beschäftigt und dieses Wissen verpufft nun. Andererseits hast Du in den nächsten Semestern auch Prüfungen, so dass Du später eine höhere Arbeitsbelastung hast. Aus diesem Grund darfst Du dann in den folgenden Semestern andere Fächer schieben und Dein Studienende verlagert sich immer weiter nach hinten. Es ist also die Frage, ob sich das Aufschieben für Dich lohnt.

Wenn Du für die Prüfung nur eine begrenzte Anzahl von Versuchen hast, kann es sinnvoll sein, von der Prüfung zurückzutreten, wenn Du denkst, dass Du sie nicht bestehen wirst. Dann drängt sich natürlich die Frage auf, warum Du Dich nicht genügend auf die Prüfung vorbereitet hast.

Was Du tun kannst, wenn Du durch eine Prüfung gefallen bist

Wenn man durch eine Prüfung gefallen ist, ist das erst mal ein Schock. Wohlmöglich hat man viel gelernt und es hat trotzdem nicht gereicht. Natürlich löst das am Anfang erst mal Ärger und Frustration aus. Wenn man es dann objektiv betrachtet, ist es jedoch nicht so schlimm und es hat nur wenig zu bedeuten. Ich selbst bin in meinem Studium durch fünf Prüfungen gefallen und habe trotzdem meinen Abschluss als Jahrgangsbester gemacht. Wichtig ist, dass Du Dich damit auseinandersetzt, warum Du in der Prüfung gescheitert bist. Lag es daran, dass Du zu wenig gelernt hast, das Falsche gelernt hast, zu viel Stress hattest oder am Prüfungstag zu aufgeregt warst? Gehe unbedingt in die Klausureinsicht, um Deine Vermutung zu überprüfen. Ich bin beispielsweise durch einige Klausuren gefallen, da ich den falschen Lernfokus gesetzt habe. Bei einer hat es schlicht und einfach nicht geklappt, da ich acht Klausuren in zwei Wochen geschrieben habe und mich durch diesen Stress am Schluss nicht mehr voll konzentrieren konnte. Rede mit den Kommilitonen, die die Klausur bestanden haben, wie diese sich vorbereitet haben. Dann gönne Dir ausreichend Zeit, die Prüfung in Ruhe vorzubereiten. Beim nächsten Mal wird es Dir bestimmt gelingen.

Wie Du gegen Prüfungsangst vorgehst

So gut wie jeder ist vor Prüfungen aller Art etwas nervös. Von Prüfungsangst spricht man, wenn man in der Prüfung so aufgeregt ist, dass man sich nicht richtig konzentrieren kann und dadurch die Leistungen deutlich unter dem liegt, was man eigentlich leisten könnte. Um die Prüfungsangst zu lindern, hilft eine strukturierte und sorgfältige Vorbereitung auf Prüfungen. Wenn Du weißt, dass Du gut gelernt hast, wirst Du ruhiger in die Prüfung hinein gehen. In der Prüfung selbst ist es hilfreich, tief durchzuatmen. Dies beruhigt Dich automatisch. Das ist auch eine gute Technik bei aufkommenden Panikattacken. Weiterhin ist es meist nützlich, zuerst die Aufgaben zu bearbeiten, die du gut gelernt hast. So hast Du schon ein Erfolgserlebnis und Dein Selbstvertrauen wächst. Ist die Prüfungsangst sehr ausgeprägt und treten beispielsweise Schlafstörungen auf, so ist der Gang zu einem Therapeuten zu empfehlen. So kann man die Angst vor Prüfungen an ihrer Wurzel angehen und sie langfristig lösen.

Warum Informationen im Studium so wichtig sind

Einer der wichtigsten Punkte im Studium ist, dass Du immer die richtige Information parat hast. Dies fängt schon bei den Vorbereitungen auf Deine Prüfung an. Dafür solltest Du wissen, welche Kapitel dran kommen und auf welche Kapitel weniger Wert gelegt wird. Sonst wirst Du zu viel lernen und damit Deine Zeit verschwenden. Auch solltest Du wissen, wie die Aufgaben in der Prüfung aufgebaut sind, so dass Du Dich darauf vorbereiten kannst. Besteht die Klausur aus Multiple-Choice-Aufgaben, ist es sinnvoll, sich ganz anders darauf vorzubereiten, als auf eine Prüfung mit offenen Fragen. Genauso verhält es sich bei Seminararbeiten. Soll die Arbeit eine möglichst detaillierte Aufarbeitung der Literatur enthalten oder liegt der Fokus auf eigenen Gedanken? Setzt Du den Schwerpunkt falsch, wird sich das in der Note widerspiegeln. Die größte Bedeutung hat dieser Punkt bei Bachelor- und Master-Arbeiten. Auch hier solltest Du die Anforderungen ganz genau abklären. So bist Du vor bösen Überraschungen gefeit. Viele achten jedoch nicht darauf, diese Informationen einzuholen und schneiden dementsprechend viel schlechter ab, als sie könnten.

Informationen sind nicht nur in Bezug auf die Prüfungsleistungen wichtig, sondern auch auf die Organisation. Dies fängt damit an, dass Du alle Anmeldetermine im Blick hast. Ich habe es oft erlebt, dass Studenten nicht an Prüfungen teilnehmen durften, weil sie vergessen haben, sich rechtzeitig anzumelden. Das muss nicht sein, da die Anmeldung nur einen geringen Zeitaufwand mit sich bringt. Ebenso ist es nützlich, sich frühzeitig zu informieren, welche Fächer Du im nächsten Semester belegen willst und Dich rechtzeitig dafür anzumelden. Auch habe ich erlebt, dass Studenten die Fristen versäumt haben und deshalb nicht so viele Fächer belegen konnten, wie sie wollten. Auslandssemester sind ebenfalls schon daran gescheitert, dass die richtigen Informationen nicht parat waren und sich die Interessenten daher zu spät angemeldet haben.

Wie Du Redeangst überwindest

In verschiedenen Untersuchungen wurde gefragt, wovor die Leute die meiste Angst haben. Auf dem ersten Platz waren nicht etwa der Tod, Spinnen oder sozialer Abstieg, sondern die Angst vor dem freien Reden. Wenn Du im Studium häufig Vorträge und Präsentationen halten musst, ist diese Angst sehr hinderlich. Es klingt im ersten Moment vielleicht etwas kontraproduktiv, aber die beste Möglichkeit, seine Redeangst loszuwerden, ist es, sich ihr zu stellen. Dies beschreibt Susan Jeffers in ihrem Buch „Feel the Fear and Do It Anyway" (vgl. Jeffers 2007, S. 7). Der Titel fasst dabei schon die Hauptaussage des Buches zusammen: „Spüre Deine Angst und tue es trotzdem". Sie beschreibt auch, dass sich jede Angst auf die Angst, mit der Situation nicht fertig zu werden, zurückführen lässt. Deshalb ist es oft sinnvoll, sich zu überlegen, was das Schlimmste ist, was passieren könnte und ob es wirklich so schlimm ist. Im Fall einer Präsentation ist das, dass man den Text vergessen hat und nicht mehr weiß, was man sagen soll. Sollte der Fall wirklich einmal eintreten (und in 99 % aller Fälle tritt er nicht ein), holst Du am besten tief Luft und überlegst einen Augenblick. Es besteht ein großer Unterschied zwischen der Zeitwahrnehmung auf der Bühne und im Publikum. Was auf der Bühne wie eine Ewigkeit vorkommen kann, sind für die Zuschauer möglicherweise nur ein paar Augenblicke. Fällt Dir dann immer noch nichts ein, fragst Du Dein Publikum, wo Du stehen geblieben bist. Es wird Dir helfen. Und was ist dann wirklich Schlimmes passiert? Im ungünstigsten Fall darfst Du Dir ein paar Sprüche anhören und einige Zuschauer sind nicht so begeistert. Damit kannst Du locker umgehen.

Ich empfehle Dir nach Susan Jeffers, Dich Deiner Angst zu stellen und das Vortragen von Präsentation zu üben. Jedes Mal wird es Dir besser gelingen. Im Abschn. 13.2.2 Wie Du für Unternehmen interessant wirst habe ich die Toastmastersclubs beschrieben. Toastmasters bietet Dir die Möglichkeit, das Reden in einen geschützten Raum zu üben. Dort habe ich es schon oft erlebt, dass sich ein neues Mitglied am Anfang gar nicht auf die Bühne getraut hat und nach ein paar Monaten absolut souverän präsentiert hat. Die Aufregung vor einer Rede oder Präsentation wird unter Umständen nie ganz verschwinden. Selbst Fernsehmoderatoren, die mehrmals pro Woche zu Millionen von Menschen sprechen, berichten, dass sie vor ihren Auftritten immer noch aufgeregt sind. Dies kann ich selbst bestätigen. Ich habe einen Toastmastersredeclub geleitet und schon zahlreiche zweitägige Seminare gegeben. Trotzdem bin ich jedes Mal wieder aufgeregt, bevor ich eine Rede oder Präsentation halte. Der Unterschied ist nur, dass ich nun meine Aufregung anerkenne und bewusst wahrnehme.

Wie Du Schreibblockaden überwindest

Von einer Schreibblockade spricht man, wenn es über einen längeren Zeitraum nicht gelingt, an einer schriftlichen Arbeit weiterzuarbeiten. Im Studium kann das beispielsweise bei Haus- oder Abschlussarbeiten vorkommen. Eine Ursache kann dabei sein, dass das Thema so weit gefasst ist, dass man nicht weiß, wo man anfangen soll. Hier hilft es, wenn Du Dich mit Deinem Betreuer oder Dozenten besprichst, was genau in der Arbeit behandelt werden sollte. Möglicherweise kann das schon ausreichen, dass der Text nur so aus Dir herausprudelt. Eine andere Ursache kann sein, dass man unbedingt perfekt schreiben möchte. Hier darfst Du Dich von der Vorstellung lösen, dass man etwas perfekt machen kann. Wenn ich mit einem Text nicht weiterkomme, dann benutze ich die Diktierfunktion meines Mobiltelefons und tue so, als ob ich einem Freund erzähle, was ich sagen möchte. Das fällt mir sehr viel leichter, als etwas aufzuschreiben. Danach schreibe ich auf, was ich erzählt habe, und habe so schon ein paar Textbausteine. Damit habe ich eine Basis und das Schreiben fällt mir deutlich leichter. Auch sagen sich einige Studenten, die sich in einer Schreibblockade befinden, dass sie am nächsten Tag zehn Stunden ohne Pause schreiben wollen. Das ist häufig kontraproduktiv und führt zum Aufschieben. Es ist viel besser, sich weniger vorzunehmen und sich gezielt Freizeit zu gönnen. Beispielsweise könntest Du Dir sagen, dass Du vor dem Mittagessen zwei Stunden schreibst, dann mit Deinen Freunden zum Essen gehst, dann weitere drei Stunden schreibst und dann zum Sport gehst. So bist Du viel motivierter, und es wird Dir leichter fallen, im Schreibfluss zu bleiben.

Warum es so wichtig ist, wer Deine Freunde sind

In der Soziologie ist schon lange bekannt, dass die Freunde und das soziale Umfeld von Kindern einen viel größeren Einfluss auf die Verhaltensweisen haben, als die Eltern. Dies zeigt, wie wichtig es ist, mit welchen Leuten Du Dich umgibst. Um Deine Studienziele zu erreichen, ist es enorm hilfreich, wenn Deine Freunde diese respektieren und Dich dabei unterstützen. Ist dies nicht gegeben oder versuchen Dich Deine Freunde gar zu sabotieren, führt das zwangsläufig zu Konflikten und man fühlt sich, als ob man zwischen zwei Fronten steht. Ich empfehle Dir, dass Du Dich mit solchen Menschen umgibst, die ähnliche Ziele haben wie Du. So könnt Ihr Euch gegenseitig unterstützen und alle profitieren. Lerne möglichst viele Leute in Deinem Studiengang kennen und probiere, mit welchen Du am besten klar kommst. Die meisten Studenten hängen mit den Leuten zusammen, die sie am Anfang des Studiums kennen gelernt haben, egal wie gut sie sich verstehen. Dabei hast Du im Studium immer die Chance, neue Leute kennen zu lernen und neue Freunde zu finden. Sei wählerisch bei den Personen, mit denen Du Dich umgibst. Sie haben einen größeren Einfluss auf Dich, als Du denkst.

Zusammenfassung

- Ignoriere Gerüchte sofort. Wenn Du zweifelst, ob nicht doch ein Funken Wahrheit dran ist, dann frag direkt bei der Institution nach, die vom Gerücht betroffen ist.
- Wenn Du nicht weißt, was Du nach dem Studium vorhast, kann dies Dein Studienende herauszögern. Es ist daher sinnvoll, Dir möglichst früh darüber Gedanken zu machen.
- Selbstbetrug führt dazu, dass Du Dich lange mit Deinen Unterlagen beschäftigst, jedoch nicht effizient lernst. Lerne lieber kürzer und dafür intensiver.
- Das Aufschieben von Prüfungen ist nur sinnvoll, wenn die Anzahl der Prüfungsversuche begrenzt ist.
- Ohne die relevanten Informationen machst Du Dir Dein Leben unnötig schwer, schreibst schlechtere Noten und schließt Dein Studium später ab.
- Redeangst überwindest Du am schnellsten durch Reden.
- Deine Kommilitonen haben einen großen Einfluss auf Dich. Also sei wählerisch, mit wem Du Dich umgibst.

Literaturverzeichnis

Jeffers S (2007) Feel the Fear and Do It Anyway: How to Turn Your Fear and Indecision into Confidence and Action, 20. Aufl. Vermilion, S 7

Teil III
Studienende – was nun?

Master oder kein Master – das ist die Frage 11

> **Zusammenfassung**
> In diesem Kapitel wird erläutert, wann es sinnvoll ist, einen Master-Abschluss zu machen und welche Möglichkeiten Du dabei hast.

11.1 Wann sich ein Master lohnt und wann nicht

Wer später in der Wissenschaft arbeiten möchte, der kommt um den Master nicht herum. Auch ist dieser Abschluss in den Fächern, in denen ohnehin die Promotion gewünscht ist, wie beispielsweise in der Biologie oder der Physik, unumgänglich. In allen anderen Fächern kann man sich aussuchen, ob man nach dem Bachelor direkt in den Beruf einsteigt oder sein Studium fortsetzt.

In Deutschland wird immer noch viel Wert auf einen Titel gelegt, so dass Du es unter Umständen leichter hast, mit einem Master in Führungspositionen aufzusteigen. Auch ist meist ein höherer Berufseinstieg mit dem Abschluss möglich. Allerdings kann dies durch die zwei Jahre mehr Berufserfahrung von Bachelorabsolventen schnell wettgemacht werden. Durch den Master kannst Du Deine Zeit an der Universität noch verlängern und hast so gegebenenfalls mehr Möglichkeiten, Dich weiter zu orientieren und Zusatzqualifikationen zu erwerben. Besonders wenn Du Dir beruflich noch nicht so sicher bist, kannst Du erst einmal den Master studieren und dich zwischendurch in Praktika ausprobieren. Mit dem Abschluss machst Du mit Sicherheit nichts falsch.

Ein weiteres Argument, den Master zu machen, ist die Möglichkeit, diesen im Ausland zu absolvieren. Durch die europaweite Umstellung auf dasselbe System ist es deutlich leichter, die Universität für den Abschluss zu wechseln. Dies kann eine große Bereicherung für Deinen Horizont sein und wird von Arbeitgebern gern gesehen. Zusätzlich ist es eine geringere Investition, als wenn Du Dein ganzes Studium im Ausland machen würdest. In manchen Ländern wie den USA oder Großbritannien dauern die Master-Studiengänge nur ein Jahr. Einige Studenten nutzen dies, um schon nach vier Jahren mit ihrer universitären Ausbildung abzuschließen. Allerdings kann es zu einer Herausforderung werden, sich dort einzuschreiben, da dort der Bachelor in der Regel auf vier und nicht auf drei Jahre ausgelegt ist.

Nach dem Bachelor aufzuhören, hat den Vorteil, dass Du sofort in den Beruf einsteigen und Geld verdienen kannst. Dadurch hast Du möglicherweise einen erheblichen finanziellen Vorteil. Auch hast Du zwei Jahre Berufserfahrung mehr, was sich unter Umständen auf Beförderungen positiv auswirken kann. Für manchen Beruf ist eine so fundierte Ausbildung wie sie durch einen Master gelehrt wird, nicht vonnöten. Deshalb macht es Sinn, sich bei seinem zukünftigen Arbeitgeber zu informieren, ob man mit einem Master bessere Berufschancen hat. Zudem spielt es auch eine Rolle, wie sehr Dich die Inhalte im weiterführenden Studium interessieren. Unter Umständen macht es keinen Sinn, sich durch ein Masterstudium zu quälen, nur um bessere Berufsaussichten zu haben.

Ein Masterabschluss kann jedoch auch nachgeholt werden. Einige Unternehmen bieten ihren Bachelorabsolventen an, eine Auszeit zu nehmen, um ihr Masterstudium zu absolvieren. Manche finanzieren dies sogar. Außerdem gibt es immer häufiger sogenannte Parttime-Masterprogramme. Bei diesen finden die Vorlesungen und Prüfungen meist am Wochenende statt, so dass sie es ermöglichen, berufsbegleitend zu studieren. Wenn man das Masterstudium erst nach ein paar Jahren Berufserfahrung angeht, hat dies den Vorteil, dass man Spezialstudiengänge belegen kann, deren Wissen man unmittelbar im Beruf anwenden kann. Sehr beliebt ist auch der Master of Business Administration (MBA). Dabei handelt es sich um ein generalistisches Managementstudium mit einem betriebswirtschaftlichen Fokus. Der MBA wird vor allem von Studenten von technischen Studiengängen gewählt, um anwendungsorientiertes Wissen zu erwerben. Ein MBA-Programm kostet meist mehrere 10.000 € und es herrscht ein harter internationaler Konkurrenzkampf unter den zumeist privaten Universitäten um die Studenten. Einige nutzen den MBA, um den Namen einer Eliteuniversität im Lebenslauf zu haben. Meist werden fünf Jahre Berufserfahrung verlangt, um für einen MBA-Studiengang zugelassen zu werden.

11.2 Vertiefen oder verbreitern?

Hast Du Dich entschieden, einen Master zu machen, dann geht es an die Wahl der Spezialisierung. In der Betriebswirtschaftslehre kann man beispielsweise neben einem generalistischen Masterstudiengang auch spezielle Studiengänge wie Master of Science in Accounting oder Master of Science in Innovation Management belegen. So hast Du die Möglichkeit, Dich auf einen bestimmten Fachbereich zu spezialisieren. Dies hat den Vorteil, dass Du für Unternehmen oft interessanter bist, da Du mehr Kenntnisse in einem speziellen Fachgebiet mitbringst, als generalistische Studenten. Allerdings schneidest Du Dir damit auch anderen Optionen ab und eventuell ist es nur schwer möglich, später in einem anderen Fachgebiet Fuß zu fassen. Wenn Du Dir bereits sicher bist, welches Fachgebiet für Dich beruflich am wichtigsten ist, ist die spezialisierte Ausbildung vorzuziehen.

Der Vorteil eines breit ausgerichteten Studiums ist, dass Du Dir für Deinen Beruf alle Chance offen hältst und Dich auf eine breite Auswahl von Jobangeboten bewerben kannst. Jedoch ist die Konkurrenz sehr viel höher, da in Deutschland klassicherweise mehr Studenten generalistisch ausgebildet werden. Dem kannst Du beispielsweise durch relevante Berufspraktika entgegen wirken. Auch für eine Promotion sind breit gefächerte Ausbildungen gut angesehen, weil hier ein breites Fachwissen der Materie gewünscht ist.

Zusammenfassung

- Ein Masterabschluss ist heute längst kein Muss mehr, ein Bachelorabschluss ist für den Berufseinstieg ausreichend.
- Für eine wissenschaftliche Karriere ist ein Master jedoch noch obligatorisch und für Führungspositionen sehr erwünscht.
- Der Berufseinstieg nach dem Bachelor hat finanzielle Vorteile, zudem können zwei Jahre Berufserfahrung mehr gesammelt werden.
- Durch einen spezialisierten Masterstudiengang erhöhst Du Deine Chancen auf eine sofortige Einstellung, schneidest Dir jedoch auch Optionen ab.

Der beste Weg zum Doktortitel 12

> **Zusammenfassung**
> In diesem Kapitel erfährst Du, welche Faktoren wichtig sind, um eine Promotionsstelle zu erhalten und welche Möglichkeiten es dafür gibt. Wenn Du die vorgestellten Tipps konsequent umsetzt, erhöhen sich Deine Chancen auf den Doktortitel.

12.1 Warum Du den Doktortitel haben willst

Das können die Gründe dafür sein, dass Du promovieren möchtest:

- Du bist Forscher mit Leib und Seele und Dir macht es Spaß, neues Wissen zu erlangen und zu erschaffen. Du fühlst Dich im universitären Umfeld wohl und kannst Dir auch vorstellen, Vorlesungen oder Seminare zu geben.
- Du hast ein Fach studiert, bei dem es üblich ist, zu promovieren, wie beispielsweise Chemie. Dann hast Du keine Wahl, da der Arbeitsmarkt es fordert.
- Du wünschst den Titel und die Anerkennung, die er mit sich bringt. Du weißt, dass Du von vielen anders behandelt wirst, wenn der Doktortitel im Ausweis steht. Du glaubst, dass Du mit dem Titel selbstbewusster wirst.
- Du möchtest Führungskraft werden und denkst, dass der Titel den Weg dahin ebnet. Du weißt, dass Du in vielen Unternehmen höher einsteigen kannst. Das Gehalt ist auch höher.
- Wenn die Situation auf dem Arbeitsmarkt nicht optimal ist, benutzen viele eine Doktorandenstelle zur Überbrückung der Zeit als Arbeitssuchende. So können sie, wenn der Markt sich wieder beruhigt hat, gleich voll einsteigen. Auch rechnen sich einige mit der Promotion bessere Chancen aus.

- Vielleicht möchtest Du auch das Studentenleben noch etwas verlängern. Wenn Du an der Universität promovierst, hast Du das gleiche Umfeld und meist auch einen ähnlichen Lebensstandard. Im Gegensatz zu einer herkömmlichen Arbeitsstelle hast Du meist viel Freiheit.

12.2 Wie Du eine Stelle als Doktorand erhältst

Die beste Referenz, die Du für eine Promotionsstelle erbringen kannst, ist die Arbeit als studentische bzw. wissenschaftliche Hilfskraft. Diese Stellen werden ausgeschrieben, und nach meiner Erfahrung ist die Konkurrenz gering. Als studentische Hilfskraft unterstützt Du einen Doktoranden bei seiner Forschungstätigkeit. Dies beinhaltet Literaturrecherchen, das Erstellen von Grafiken oder Präsentationen für die Doktorarbeit oder Paper, Übersetzungs- und Korrekturarbeiten, sowie alles, was sonst noch anfällt. Vieles davon bringt Dich nur wenig weiter und die Bezahlung ist passabel.

Jedoch kannst Du mit der Tätigkeit belegen, dass Du schon im wissenschaftlichen Umfeld gearbeitet hast. Dies kann bei Deiner Bewerbung sehr von Vorteil sein. Viele Lehrstühle bevorzugen bei ihrer Wahl diejenigen, die bei ihnen als wissenschaftliche Hilfskraft gearbeitet haben. Diese sind schon mit den Prozessen am Lehrstuhl vertraut und wurden an der Heiminstitution ausgebildet. Außerdem hast Du durch die Arbeit als Hilfskraft einen Eindruck davon gewonnen, wie die Arbeit eines Doktoranden aussieht und kannst somit besser einschätzen, ob es Dir auch liegt.

Warum Publikationen der Schlüssel sind

Wenn Du die Stelle als wissenschaftliche Hilfskraft richtig auswählst, kann es Deine Chancen auf eine Promotionsstelle deutlich erhöhen. Manche haben die Möglichkeit, an Publikationen mitzuwirken und werden dabei als Mitautor genannt. Dies ist sehr wichtig: Wenn Du an der Publikation mitgearbeitet hast, jedoch nicht genannt wirst, dann hat das keinerlei Wert. Das, was zählt, ist, dass Dein Name im Journal genannt wird. Dann kannst Du dies nämlich in Deinem Lebenslauf unter „Publikationen" angeben. Ein Freund hat mit einem motivierten Doktoranden zusammen gearbeitet und so schon während des Studiums drei Publikationen als Mitautor veröffentlichen können. Die Chancen auf eine Promotionsstelle sind damit maßgeblich erhöht.

Publikationen sind die interne Währung an Lehrstühlen, da in vielen Fällen Forschungsgelder daran gekoppelt werden. Wenn Du Deinem zukünftigen Arbeitgeber zeigen kannst, dass Du schon Erfahrung im Publizieren besitzt, ist dies ein riesiger

Vorteil. Auch gibt es in den verschiedensten wissenschaftlichen Zeitschriften die Möglichkeit, als Student eine Publikation einzureichen (beispielsweise im Informatik Spektrum). Wenn es so etwas in Deinem Fachbereich gibt, ist es sicherlich eine tolle Gelegenheit, Dich von den anderen abzuheben. Nach der Zeit als Hilfswissenschaftler ist es wichtig, sich ein Empfehlungsschreiben zu holen, das Deine Arbeit an wissenschaftlichen Themen bestätigt. Dies legst Du Deinen Bewerbungen bei.

Das Netzwerk darf auch nicht unterschätzt werden. Wenn ein Professor Dich schon kennt, ist es viel leichter, eine Promotionsstelle zu bekommen. Viele Universitäten bieten mittlerweile nach dem amerikanischen Vorbild Harvard Kaminabende an, bei denen die Studenten die Professoren besser kennenlernen können. Wenn Du Dich mit einem Professor gut verstehst, wird sich das positiv auf Deine Chance auf eine Stelle auswirken. Schließlich sind wir alle nur Menschen und der Professor möchte auch nicht drei bis fünf Jahre mit jemandem zusammenarbeiten, der ihm unsympathisch ist.

Wie Du Deine Abschlussarbeit zu einer Publikation führst
Deine Abschlussarbeiten können ein bedeutender Wegbereiter für Deine Promotion sein. Wichtig ist, dass Du ein Thema auswählst, das auch gute Ergebnisse bringen kann. Eine Arbeit, die eine Zusammenfassung der Literatur in einem Bereich zum Ziel hat, ist dafür nicht unbedingt geeignet. Sehr gut ankommen kann dagegen eine Arbeit, die sich mit ganz neuen Methoden oder Trends beschäftigt. Kläre am besten gleich bei der Themenbesprechung mit Deinem Betreuer ab, ob sich das Thema für eine Publikation eignen könnte, sofern die Ergebnisse angemessen sind. Dann kannst Du mit relativ geringem Aufwand eine Publikation schreiben. Die Forschungsarbeit darfst Du sowieso machen und der zusätzliche Aufwand für die Zusammenfassung ist vergleichsweise gering. Allerdings bist Du auf die Mithilfe Deines Betreuers und Deines Professors angewiesen, damit die Arbeit ein Niveau erreicht, das dem wissenschaftlichen Standard entspricht und auch in einem Journal oder auf einer Konferenz angenommen wird.

Eine weitere interessante Möglichkeit ist die Teilnahme an Konferenzen. Dies wird nur wenigen Hilfskräften ermöglicht, und dann meist nur im deutschen Raum, damit nur geringe Reisekosten anfallen. Meist wird auf diese Option nur zurückgegriffen, wenn die Doktoranden bzw. Professoren Hilfe beim Aufbau eines Standes oder andere Assistenztätigkeiten benötigen. Auf einer Konferenz triffst Du viele Fachvertreter, und so kannst Du Dein Netzwerk erweitern. Außerdem ist es eine der wenigen Gelegenheiten, bei denen Du direkt mit den Professoren reden kannst. Normalerweise wird es Dir von Deinem Lehrstuhl hoch angerechnet wenn Du daran teilnimmst und somit Deine Freizeit opferst. Vielleicht lernst Du so Deinen künftigen Arbeitgeber kennen. In den Vorträgen und Präsentation kannst Du ermitteln, welche Lehrstühle bzw. Universitäten für Dich interessante Forschungsschwerpunkte anbieten.

Welche Voraussetzungen Du erfüllen solltest
Die Sprache der Forschung ist Englisch und daher ist es unerlässlich, dass Du sie fließend beherrschst. Nachweisen kannst Du dies dadurch, dass Du Deine Bachelor- oder Masterarbeit in dieser Sprache verfasst. Ein Auslandssemester wird Dir mit großer Wahrscheinlichkeit hoch angerechnet, da Du in der Forschung auf internationalen Konferenzen tätig sein wirst und vor allem den aktiven Kontakt mit anderen im gleichen Forschungsgebiet überall auf dem Globus halten darfst. Da hilft es, wenn Du belegen kannst, dass Du für einen längeren Zeitraum mit einer anderen Kultur ausgekommen bist.

Für eine Promotionsstelle werden meist exzellente Noten verlangt und diese werden auch als Ausschlusskriterium verwendet. Wenn Deine Noten schlechter als ein bestimmter Schnitt sind, hast Du oft von vornherein keine Chance. Deshalb informiere Dich möglichst früh darüber, welche Noten Du brauchst und richte Dein Studium darauf aus. Nichts ist ärgerlicher, als wenn Deine Promotion an unzureichenden Noten scheitert. Natürlich sind die Ergebnisse Deiner Bachelor- und Master-Arbeiten auch sehr wichtig. Wie willst Du belegen, dass Du Dich für die Forschung interessierst, wenn Du in Deinen ersten Versuchen gescheitert bist?

Grundsätzlich gibt es zur Promotion vier verschiedene Möglichkeiten:

12.2.1 Promotion am Lehrstuhl einer Universität

Die klassischste Art ist die Promotion an einer Universität und dauert zwischen drei und fünf Jahren (wenn man von den Medizinern einmal absieht). Du bist dabei beim Staat angestellt und wirst vom Land bzw. aus Forschungsgeldern finanziert. Der Vorteil dieser Art von Promotion ist, dass Du in einem universitären Umfeld arbeiten wirst, das sich ganz der Forschung verschrieben hat. Dieses Umfeld kann sich sehr positiv auf Deine Arbeit auswirken. Der Nachteil ist möglicherweise, dass die Forschung wenig praktische Relevanz hat und daher nicht umgesetzt werden kann. Auch wirst Du meist in Lehrtätigkeiten eingebunden, was Dir Zeit für die Forschung raubt. Deshalb ist es sinnvoll, wenn Du von vornherein abklärst, wie viel Zeit für die eigentliche Promotionstätigkeit vorgesehen ist und wie viel für andere Tätigkeiten.

Oft genug ist es leider so, dass die Doktoranden so stark in den Universitätsalltag eingebunden sind, dass sie nur am Wochenende dazu kommen, ihre Promotion zu schreiben. Bei anderen wird die Zeit bis zur Promotion künstlich hinausgezögert, damit noch weitere Projekte erledigt werden. Hilfreich ist es deshalb, die durchschnittliche Zeit bis zur Dissertation zu betrachten. Wenn der Durchschnitt an einem Lehrstuhl ungewöhnlich hoch liegt, lohnt es sich, nachzuforschen, was der Grund dafür ist. Frage bei den Mitarbeitern nach, ob sie mit ihrem Chef zufrieden sind und sich fair behandelt fühlen.

Während früher eine Promotion durch eine Dissertationsarbeit abgeschlossen wurde, erfreut sich nun das Verfahren der kumulativen Promotion immer größerer Beliebtheit. Dabei ist es ausreichend, eine bestimmte Anzahl an Arbeiten zu publizieren und es muss keine abschließende Arbeit mehr verfasst werden. Das Risiko dabei ist etwas höher: Wenn Du es nicht schaffst, Deine Arbeiten zu publizieren, verzögert sich Deine Promotion. Allerdings wird auch bei der herkömmlichen Promotion von den Professoren oft ein bestimmtes Maß an Publikationsaktivitäten gefordert. Wenn Du fleißig bist, kannst Du mit dem Verfahren der kumulativen Promotion deutlich schneller an Deinen Titel kommen.

Nach dem amerikanischen Vorbild werden im Zug der Umstellung auf Bachelor und Master zunehmend auch PhD-Programme angeboten. Diese haben ganz nach ihrem Vorbild ein festgelegtes Curriculum, bei dem Du zusätzlich zu Deiner Dissertation noch Fächer belegen musst. Beispiele dafür sind „Wissenschaftliches Schreiben in der englischen Sprache" oder „Erstellung eines Posters". Natürlich ist dies ein zusätzlicher Aufwand, jedoch brauchst Du Dir solche Fähigkeiten später nicht mehr selbst anzueignen. Auch sind die Programme oft auf drei Jahre festgelegt und darauf ausgerichtet, dass Du in dieser Zeit abschließt.

Bei der Auswahl des Doktorvaters kannst Du Dich an unterschiedlichen Kriterien orientieren. Viele werten den Ruf des Professors sehr hoch und versuchen ihre Promotion an einer möglichst renommierten Universität zu absolvieren. Der Ruf setzt sich aus der Anzahl bedeutender Publikationen und der Höhe der akquirierten Forschungsgelder zusammen. Der Nachteil ist, dass dabei die Betreuung meist vergleichsweise schlecht ist. Wenn Dein Doktorvater nur fünf Doktoranden angestellt hat, kann er mehr Zeit für Dich aufwenden, als wenn er sich um 25 Doktoranden kümmern muss. Wenn die Betreuung unzureichend ist, kann sich das negativ auf Deine Arbeit auswirken. Nimm einmal den Fall an, dass Du vor einem Wendepunkt stehst und eine wichtige Entscheidung in Deiner Arbeit treffen musst. Kannst Du diese nicht mit Deinem Betreuer zeitnah abklären, hast Du unnötige Pufferzeiten.

Bedenke auch, dass ein renommierter Professor möglicherweise viel höhere Ansprüche an Deine Arbeit stellt. Wenn Du in dem Gebiet weiterforschen willst, ist es dagegen sinnvoll, zu einer Koryphäe zu gehen. Eine Promotion am Lehrstuhl eignet sich vor allem dann, wenn Du eine weitere universitäre Karriere anstrebst und später habilitieren möchtest.

12.2.2 Promotion an einer Forschungseinrichtung

Eine weitere Möglichkeit ist, die Promotion an einer Forschungseinrichtung, wie am Helmholtz- oder Max-Planck-Institut durchzuführen. Dies ermöglicht Dir, an Spezialthemen mit teilweise hoher gesellschaftlicher Relevanz zu forschen. Im Gegensatz zur Universität wirst Du in die Lehrtätigkeit nicht eingebunden werden und kannst Dich so ganz auf die Forschung konzentrieren. Allerdings bedeutet dies, dass Du sehr auf Deine Arbeit fokussiert bist und wenig Abwechslung haben wirst. Oft sind die Institute von Unternehmen hoch angesehen und Du hast dadurch später gute Jobchancen. Meist ist es auch herausfordernder, dort eine Stelle zu bekommen, da sehr hohe Maßstäbe angelegt werden.

12.2.3 Promotion im Unternehmen

Wenn Du mehr zur praktischen Richtung tendierst, ist eine Promotionsstelle in einem Unternehmen interessant. Dabei forschst Du an Themen, die das Unternehmen konkret einsetzen kann. Je nach Unternehmen musst Du einen bestimmten Anteil Deiner Zeit mit normalen Arbeitstätigkeiten verbringen und kannst daher nicht Vollzeit forschen. Dies variiert je nach Unternehmen. Beachte, dass eine Promotion im Unternehmen oft schlechter bezahlt wird als an der Universität oder einer Forschungsinstitution. Eine wichtige Frage ist auch, ob Du nach der Promotion sicher übernommen wirst oder nur ein bestimmter Teil der Doktoranden weiterbeschäftigt wird. Auch ist es interessant, ob die Promotionszeit für die Gehaltsbestimmung als Berufserfahrung gewertet wird. Besonders, wenn Deine Promotion länger dauert, kann dies einigen Einfluss haben.

12.2.4 Externe Promotion

Gegenüber diesen drei Möglichkeiten, bei denen Du für die Promotion bezahlt wirst, kannst Du auch extern promovieren. Dies bedeutet, dass Du selbst für Dich aufkommst und die Promotion zu Hause schreibst. Dafür ist es erforderlich, dass Du einen Doktorvater findest, der Deine Arbeit betreut. Dies ist für ihn ein zusätzlicher Zeitaufwand, andererseits forschst Du kostenlos, da er dafür keine Mittel aufzuwenden braucht. Neben der Herausforderung der eigenen Finanzierung, ist die Motivation der wichtigste Faktor. Wenn Du an einer Universität, einer Institution oder in einem Unternehmen arbeitest, bist Du in einem Umfeld, das Deine

Forschung unterstützt. Zu Hause wird sich keiner beschweren, wenn Du mal ein paar Wochen nicht an Deiner Dissertation gearbeitet hast.

Viele benutzen die externe Promotion, um neben dem normalen Beruf einen Doktortitel zu erlangen. Dies verlangt einen erhöhten Arbeitsaufwand und viel Disziplin. Andererseits ist es vielleicht die schnellste Möglichkeit, Deine Promotion zu erlangen. Wenn Du Dir, weil Du finanzielle Reserven hast, eine Auszeit nehmen kannst, ist es Dir möglich, dass Du Dich Vollzeit mit Deiner Arbeit beschäftigst. Manche schaffen es so, innerhalb eines Jahres den Doktortitel zu erwerben. Natürlich hängt dies auch sehr vom Fach ab. Es ist leichter, empirische Auswertungen über ein betriebswirtschaftliches Verhalten von zu Hause vorzunehmen, als komplexe chemische Experimente durchzuführen.

Warum eine Promotion keine Garantie für Erfolg ist

Sei Dir bewusst, dass eine Promotionsstelle bzw. ein Promotionsthema nicht zwangsläufig zu einer Promotion führen muss. Manchmal erreicht man die Forschungsergebnisse nicht, die für die Promotion nötig sind. Deshalb können mehrere Jahre der Forschung umsonst gewesen sein. Bitte mach Dir dieses Risiko vorher bewusst und beherzige es auch bei Deiner Themenwahl. Sicher kann es interessant sein, Deine Dissertation dem neuesten Forschungstrend zu widmen. Die Möglichkeit des Scheiterns ist dann jedoch höher einzustufen. Selbst die Beschäftigung mit Grundlagenforschung ist kein Garant dafür, dass Deine Ergebnisse zufriedenstellend sein werden.

Ebenso ist die Promotion eine sehr weitreichende Entscheidung. Du wirst Dich über Jahre hinweg mit einem bestimmten Themenkomplex beschäftigen und darin der absolute Experte werden. Dies erfordert Disziplin und Durchhaltevermögen. Natürlich ist es wichtig, dass Du auch Spaß an der Sache hast, sonst ist es sehr schwer, über einen so langen Zeitraum durchzuhalten.

12.3 Die Konsequenzen eines wissenschaftlichen Studiums

Wenn Du Dein Studium auf eine Promotion ausrichtest, wirst Du einen relativ sicheren Job haben, da die Promotionsverträge meist über drei Jahre gehen. Auch kann Dir das einiges an Ansehen und Anerkennung bringen, was sich auch auf Dein Selbstbewusstsein auswirken wird. In jedem Falle ist es mit dem Titel in Deutschland einfacher, Führungsposten zu bekleiden und in einer Unternehmenshierarchie hoch einzusteigen.

Der Nachteil ist, dass Du Dein Studium konsequent auf die Forschung ausrichten wirst. Die Noten, insbesondere auch die Deiner Abschlussarbeiten, sind sehr wichtig und es ist zu empfehlen, dass Du Dich um einen, leider meist mäßig bezahlten, Job als Hilfswissenschaftler bemühst. Bei der Promotion bist Du dann abhängig von Deinem Doktorvater bzw. von den Reviewern der Journale und Konferenzen. Wenn Deine Arbeiten nicht veröffentlicht werden oder Dein Doktorvater noch nicht bereit ist, Dein Kolloquium abzuhalten, kann Dich das sehr behindern.

Zusammenfassung

- Durch eine Tätigkeit als wissenschaftliche Hilfskraft und besonders durch das Mitwirken an Publikationen kannst Du Deine Chancen auf eine Promotionsstelle stark erhöhen.
- Gute Englischkenntnisse und exzellente Noten sind meist die Grundvoraussetzung.
- Du hast für die Art der Promotion vier Wahlmöglichkeiten: am Lehrstuhl, in einem Forschungsinstitut, in einem Unternehmen und extern.
- Die Promotion am Lehrstuhl ist zeitintensiv und kann Dich auf eine wissenschaftliche Karriere vorbereiten.
- Eine Promotion an einer Forschungsinstitution hat einen sehr guten Ruf.
- Wenn Du im Unternehmen promovierst, kann dies oft als Berufserfahrung angerechnet werden und Dir so ein hohes Einstiegsgehalt sichern.
- Bei einer externen Promotion erwirbst Du den Doktortitel nebenberuflich.

Folgende Kapitel können Dich auch interessieren:
Kapitel 15 So kannst Du herausfinden, was Du wirklich machen möchtest

Traumjob leicht gemacht 13

Zusammenfassung
In diesem Kapitel erfährst Du,

- welche Faktoren Du in die Berufswahl mit einbeziehen kannst
- wie Du Dich für Unternehmen interessant machst und
- wie Du zu Deiner Wunschstelle kommst.

Wenn Du die Tipps konsequent umsetzt, ist die Wahrscheinlichkeit wesentlich höher, dass Du bald Deinen Traumjob ausführst.

13.1 Warum Du als Angestellter eines Unternehmens arbeiten möchtest

Der Wunsch nach einer guten Arbeitsstelle kann aus verschiedenen Motivationen heraus resultieren:

- Du willst Karriere machen. Dadurch bekommst Du einen höheren Status in der Gesellschaft, hast mehr Einfluss und mehr Geld. Du kannst Dir Statussymbole wie ein schickes Auto und ein großes Haus leisten und Deinen Urlaub an exotischen Stränden verbringen.
- Du willst eine sichere Arbeitsstelle haben und nicht darum bangen müssen. Durch eine entsprechende Qualifikation und einen Schatz an Erfahrungen kannst Du Dich unentbehrlich machen.
- Du willst Verantwortung übernehmen und Deinen Beitrag für die Gesellschaft leisten. Dazu möchtest Du so schnell wie möglich in eine Führungsposition aufsteigen, damit Du den nötigen Einfluss hast.

- Du möchtest Dich selbst verwirklichen und eine Stelle finden, bei der Du Deine Stärken voll ausleben kannst.

13.2 Wie Du Deinem Traumjob näher kommst

13.2.1 Wo die Reise hingehen soll

Am Anfang stellt sich die Frage, welchen Beruf Du am liebsten ausüben möchtest. Dabei kann es Dir helfen, Dir Gedanken über die Rahmenbedingungen Deiner Arbeit zu machen. Willst Du in einem Büro arbeiten oder willst Du einen Teil Deiner Arbeitszeit von zu Hause bewältigen? Möchtest Du an einem Standort bleiben oder viel reisen? Möchtest Du mit anderen Menschen zusammen arbeiten oder die meiste Zeit alleine verbringen? Möchtest Du immer ähnliche Tätigkeiten ausüben oder ist Dir Abwechslung sehr wichtig? Möchtest Du andere Menschen führen oder lieber geführt werden? Möchtest Du Dir Expertenwissen aufbauen oder ein Generalist werden? Am besten schreibst Du Dir die Rahmenbedingungen auf und sortierst diese nach Wichtigkeit. Dies kann Dir schon viele Hinweise auf Deinen zukünftigen Beruf geben. Wenn Du als wichtigsten Punkt aufgeführt hast, dass Du an einem Standort bleiben möchtest, ist der Job bei der Unternehmensberatung mit dauernder Reisetätigkeit wahrscheinlich nichts für Dich.

Die folgende Tabelle kann Dir als Grundlage dienen, Dir über die Rahmenbedingungen Deines künftigen Berufs Gedanken zu machen. Kreuze die Ausprägungen an, die für Dich am attraktivsten sind und wähle Deine Priorität. Dazu kannst Du die Eins für die höchste Priorität wählen und so eine Rangliste erstellen. Du kannst die Tabelle noch um weitere Ausprägungen ergänzen.

13.2 Wie Du Deinem Traumjob näher kommst

Kategorie	Ausprägung 1	Ausprägung 2	Priorität
Mobilität	Ein Standort	Viel Reisetätigkeit	
Arbeitsort	Zu Hause	Im Büro	
Zusammenarbeit	Allein	Mit vielen anderen	
Art der Tätigkeit	Routinetätigkeiten	Abwechselungsreichtum	
Führungsstil	Selbst führen	Geführt werden	
Wissensgenerierung	Experte	Generalist	

In einem zweiten Schritt kannst Du Dir überlegen, welche Fähigkeiten Du mitbringst und welche Du einsetzen möchtest. Vielleicht kannst Du besonders gut in Teams arbeiten, anderen Leuten etwas beibringen oder neue Ideen generieren? Vielleicht macht es Dir viel Spaß, Präsentationen zu halten oder Meetings zu moderieren? Oder Du bist sehr gut im Organisieren und dem Ausarbeiten von neuen Konzepten? Fertige am besten eine Liste der Fähigkeiten an, die Du hast, und kreuze die an, die Du auch einsetzten möchtest. Dafür hast Du hier Platz:

_____
_____
_____
_____
_____
_____
_____

Eine gute Möglichkeit ist es, die Stellenangebote der Bereiche durchzuschauen, die Dich interessieren. Diese findest Du z. B. auf monster.de, xing.de oder auf den Firmenhomepages. In diesen siehst Du, welche Personen für den Job gesucht werden und was deren Aufgaben sind. Daran kannst Du Dich orientieren und Dir Gedanken machen, ob Dir eine bestimmte Stelle Spaß machen könnte. Würdest Du die Aufgaben gern für ein paar Jahre machen oder meinst Du, dass Du Dich schon nach kurzer Zeit langweilen würdest? Dazu nimmst Du die Liste Deiner Fähigkeiten und der Rahmenbedingungen zur Hilfe. Am besten suchst Du Dir ein paar ansprechende Stellen heraus und vergleichst sie miteinander. Dadurch kannst Du feststellen, was die für Dich wichtigen Punkte im Beruf sind und ob sie mit Deiner vorher erstellten Liste übereinstimmen.

Besser noch als Stellenangebote durchzugehen, ist es, persönlich mit Menschen zu sprechen, die einen für Dich interessanten Beruf ausüben. Wenn Du davon niemanden im Bekannten- oder Freundeskreis hast, kannst Du beispielsweise Xing nutzen, um mit ihnen Kontakt aufzunehmen. Wichtige Fragen sind, warum sie ihren Beruf gewählt haben, was ihnen am meisten Spaß macht und was sie ändern würden, wenn sie dazu die Möglichkeit hätten. Auch kannst Du Dir den typischen Berufsalltag schildern lassen und Dir damit ein Bild machen, ob dies Dich auch zufrieden stellen würde. Allgemein gilt, dass je mehr Informationen Du über Deinen zukünftigen Beruf einholst, desto höher die Wahrscheinlichkeit ist, dass Du eine gute Wahl triffst.

13.2.2 Wie Du für Unternehmen interessant wirst

Viele Studien haben gezeigt, dass Unternehmen viel mehr Wert auf Berufserfahrung legen, als darauf, dass Du gute Noten hast. Die Bewerber mit Berufserfahrung wissen, wie es in einem Unternehmen abläuft und können daher schneller eingearbeitet werden. Auch können sie viel besser einschätzen, was sie erwartet und damit ist die Chance geringer, dass sie nach kurzer Zeit wieder aussteigen. Du hast im Studium grundsätzlich drei Möglichkeiten an Berufserfahrung zu kommen: durch ein Praktikum, eine Tätigkeit als Werkstudent oder eine Auszeit.

Warum Berufserfahrung ein bedeutender Faktor ist
In einem Praktikum wirst Du für einen begrenzten Zeitraum (üblich sind zwei bis sechs Monate) im Unternehmen mitarbeiten. Du bist dabei meist Vollzeit beschäftigt und das Gehalt ist vergleichsweise gering. In manchen Bereichen werden sogar nur unbezahlte Praktika angeboten. Das Praktikum liefert Dir die Gelegenheit, in eine Branche hineinzuschnuppern und so mitzubekommen, wie ein normaler Arbeitstag in den unterschiedlichen Stellen aussieht. Dies kann für Dich sehr hilfreich sein, wenn Du noch nicht genau weißt, was Du machen möchtest. Durch Praktika kannst Du einen guten Eindruck über die Möglichkeiten gewinnen. Wenn Du Dir dagegen sicher bist, was Du später machen möchtest, kannst Du Deine Praktika auch danach wählen. Wenn Du in die Unternehmensberatung willst, dann würde ich in die unterschiedlichsten Beratungen hereinschnuppern. Informiere Dich im Vorstellungsgespräch auch genau, was Deine Aufgaben sind. Leider hört man im-

mer wieder, dass in manchen Unternehmen die Praktikanten nur fürs Kaffeekochen eingesetzt werden. Das bringt Dich nicht weiter.

Eine Herausforderung ist die geforderte Mindestdauer von zwei Monaten bei Praktika. Wenn Du Glück hast, dann sind Deine Semesterferien so lang, dass das Praktikum genau in diesen Zeitraum hinein passt. Oft ist das jedoch wegen Prüfungen, die innerhalb der Semesterferien stattfinden, nicht machbar. Es besteht die Möglichkeit, dass Du das Praktikum so legst, dass für Dich die ersten Vorlesungswochen wegfallen. Wenn Du keine Übungen oder Veranstaltungen mit Anwesenheitspflicht hast, kannst Du es so einrichten. Allerdings besteht ein gewisses Risiko, dass es sich auf Deine Noten auswirken kann. Ein guter Zeitpunkt für ein Praktikum kann auch der Zeitraum direkt vor Deiner Bachelor- oder Master-Arbeit sein. Meist kannst Du den Termin, wann Du mit Deiner Arbeit anfängst, frei wählen und so davor auch ein längeres Praktikum einschieben.

Warum ein Job als Werkstudent interessant ist

Eine weitere Möglichkeit ist es, als Werkstudent zu arbeiten. Dafür wird verlangt, dass Du in einem höheren Semester bist oder Deinen Bachelor schon abgeschlossen hast. Als Werkstudent wirst Du meist richtig ins Team mit einbezogen und als Mitarbeiter behandelt. Je nach Vertrag wirst Du zwischen acht und zwanzig Stunden die Woche arbeiten, also mindestens einen kompletten Tag. In den Semesterferien ist es in vielen Fällen möglich, dass Du auch Vollzeit arbeitest. Meist werden Werkstudentenstellen deutlich besser bezahlt als Praktika, da Du für einen längeren Zeitraum in wertschöpfende Tätigkeiten mit eingebunden bist. Auch kommt es vor, dass Du nach dem Studium in dem Unternehmen bleiben kannst. Durch die enge Bindung hast Du die Möglichkeit, Dir Dein eigenes Netzwerk innerhalb des Unternehmens aufzubauen. Dies kannst Du nutzen, um an eine attraktive Festanstellung zu kommen, die vielleicht offiziell gar nicht ausgeschrieben ist. Wenn Du gute Arbeit geleistet hast, wird Dich das Unternehmen gegenüber einem externen Bewerber bevorzugen. Du stellt ein geringeres Risiko da. Da Werkstudentenjobs meist langfristig ausgerichtet sind, hast Du dabei gegenüber Praktika den Nachteil, dass Du weniger ausprobieren kannst.

Wie eine Auszeit Dir neue Impulse geben kann

Eine weitere Alternative ist es, Dir eine Auszeit zu nehmen, in der Du Vollzeit arbeitest. Dies bietet sich nach dem Bachelor an. Du hast einen akademischen Abschluss und kannst Dich daher auch für speziellere Arbeitsstellen bewerben. Die Auszeit kannst Du dann nutzen, um ein bis drei Jahre in einem oder mehreren Unternehmen zu arbeiten und somit umfangreiche Berufserfahrungen zu sammeln. Dies kann eine gute Abwechslung zum Studium sein und Dir aufzeigen, was Du später erwarten kannst. Auch kann es Dich motivieren, Dein Studium mit neuer Energie abzuschließen. Vielleicht fallen Dir ein paar Vorteile des Studiums, wie freie Zeiteinteilung und lange Ferien, nun viel deutlicher auf. Mit dem Grad an Berufserfahrung sollte es Dir nach Deinem Abschluss leicht fallen, eine Arbeitsstelle zu bekommen.

Jedoch raten viele davon ab, eine zu lange Auszeit zu nehmen. Du gewöhnst Dich an einen höheren Lebensstandard und Dir wird es immer schwerer fallen, wieder in den Studentenmodus zu gelangen. Kläre vor der Auszeit unbedingt ab, wie die Modalitäten sind. Wird Dir der Master an Deiner Universität trotz Auszeit zugesichert oder musst Du Dich neu bewerben? Im Zweifelsfalle riskierst Du, keinen Studienplatz mehr zu bekommen. Möglicherweise kannst Du Dich auch für den Master immatrikulieren und ein oder zwei Urlaubssemester beantragen. So ist sichergestellt, dass Du weitermachen kannst. Hier ist Deine Studienberatung der richtige Ansprechpartner.

Warum sich studentische Initiativen und Vereine im Lebenslauf gut machen

Je nach Universität oder Hochschule hast Du die Möglichkeit, an verschiedenen studentischen Initiativen und Vereinen teilzunehmen. So gibt es studentische Unternehmensberatungen, Vereine, die sich mit dem Thema Unternehmensgründung befassen, Debattier- oder Redeclubs oder die Möglichkeit, Dich in der Fachschaft oder dem studentischen Senat zu engagieren. Dadurch kannst Du zeigen, dass Du nicht nur starr auf das Studium fixiert bist, sondern auch über den Tellerrand hinausschaust. Das sogenannte außeruniversitäre Engagement spielt vielfach eine große Rolle.

Was Dich in studentischen Unternehmensberatungen erwartet

Eine studentische Unternehmensberatung bietet Dir die Möglichkeit, aktiv Erfahrungen in der Beratung zu sammeln. Meist wirst Du in realen Projekten mit Firmenpartnern zusammen arbeiten. Durch einzelne Projekte mit einer festen Laufzeit hast Du die Chance, in viele Firmen hineinzuschnuppern. Wenn Du länger dabei bist, kannst Du in der Hierarchie aufsteigen und Dich beispielsweise um die Rekrutierung neuer Bewerber kümmern oder bei der Projektakquise tätig werden. So kannst Du Führungserfahrung gewinnen.

Zusätzlich bietet sich die Gelegenheit, an exklusiven Workshops mit Unternehmensberatungen teilzunehmen und so gute Kontakte zu knüpfen. Wenn Du nach dem Studium in dieser Branche arbeiten willst, ist dies der ideale Einstieg. Meist ist die Konkurrenz bei den Bewerbungen für eine studentische Unternehmensberatung sehr hoch und nur ein Bruchteil der Kandidaten wird genommen. Dafür ist der Stundenlohn für einen Studenten beträchtlich.

Warum ein Amt in der Hochschulpolitik ein zweischneidiges Schwert ist

Ein Amt als Semestersprecher oder innerhalb der Fachschaft ebnet Dir den Weg, innerhalb der Universitätspolitik tätig zu werden. So lernst Du das Debattieren und Halten von Präsentationen und kannst Dich bis in den Senat der Universität vorarbeiten. Du erlernst dadurch, wie die Hochschulpolitik funktioniert und hast den Kontakt mit vielen Stellen an der Universität, die Dir sonst verschlossen wären. Bei Bewerbungen kann dies jedoch ein zweischneidiges Schwert sein. Hat ein Unternehmen schon Ärger mit Gewerkschaften oder Betriebsräten gehabt, werden sie solch eine Tätigkeit möglicherweise negativ bewerten.

Wie Dich Debattier- und Redeclubs voranbringen können

Debattierclubs ermöglichen Dir, Deine Redekunst zu üben und viele neue Menschen kennen zu lernen. Du führst dabei Debatten zu unterschiedlichen Themen, und Dir wird zugeteilt, welche der gegensätzlichen Positionen Du vertrittst. So lernst Du, gezielt zu argumentieren und verschiedene Positionen zu übernehmen. Die Debattierclubs sind untereinander gut vernetzt und führen oftmals überregionale Wettbewerbe durch. Wenn Du bei einem Wettbewerb eine hohe Platzierung erreichst, ist das eine tolle Referenz für Deinen Lebenslauf. Es ist allgemein für einen Arbeitgeber sehr interessant, wenn Du Dich gut ausdrücken kannst.

Toastmasters hilft Dir, Deine Rede- und Führungsfähigkeiten auf das nächste Level zu bringen. Es handelt sich dabei um einen internationalen Redeclub, bei dem Du die Möglichkeit hast, regelmäßig Reden und Präsentationen zu halten. Für diese bekommst Du eine detaillierte Bewertung mit vielen Verbesserungsvorschlägen. Dadurch wirst Du beinah automatisch immer besser. Zusätzlich gibt es noch ein Handbuch mit verschiedenen Redeprojekten. Bei Deiner ersten Rede geht es darum, Dich selbst vorzustellen. Weitere Projekte verlangen es, dass Du auf Deine Stimme oder auf Deine Körpersprache achtest. Nach den ersten Projekten bekommst Du den „Competent Communicator" Award, den Du wunderbar an Deine Bewerbungen anhängen kannst.

Des Weiteren besteht bei den Toastmasters die Möglichkeit, auch das Zertifikat als „Competent Leader" zu erwerben. Dafür darfst Du in verschiedenen Ämtern des Clubabends, wie beispielsweise als Moderator oder Zeitnehmer, mitwirken. Dies ist eine tolle Möglichkeit, Deine Führungsfähigkeiten zu belegen. Ein weiterer wichtiger Punkt ist das Netzwerken: Du triffst auf eine gemischte Zielgruppe, vom Studenten bis zur Führungskraft mit 30 Jahren Berufserfahrung. Man ist gerne bereit, sich gegenseitig zu unterstützen und Du kannst Dir sicherlich diverse Tipps für Deine Karriere holen. Eine Liste aller deutschen Toastmasters-Clubs findest Du hier: http://www.toastmasters.de

Wie Du unternehmerisches Denken nachweist

Viele Unternehmen fordern in ihren Stellenanzeigen unternehmerisches Denken und Handeln. Dies kannst Du durch Deine Teilnahme an einer entsprechenden Initiative belegen. Dabei gibt es die unterschiedlichsten Formate, von einer Vortragsserie von Unternehmern, über Businessplan-Seminare bis hin zu Wochenendworkshop, bei denen über Geschäftsideen diskutiert wird. Diese sind im Kap. 14 genauer beschrieben.

Dies ist nur ein kleiner Auszug aus den möglichen Aktivitäten. Ich empfehle Dir, Dich zu informieren, was bei Deiner Hochschule oder Universität alles möglich ist und ein paar Dinge auszuprobieren. Meist bringen diese Initiativen einen begrenzten Zeitaufwand mit sich, machen Spaß und helfen Dir, Deinen Lebenslauf interessant zu gestalten.

Warum ehrenamtliches Engagement Dir viele Vorteile bietet

Die meisten Unternehmen bewerten es sehr positiv, wenn Du Dich sozial engagierst. Dazu gibt es unterschiedliche Möglichkeiten. Du kannst eine Stelle als Trainer in Deinem Lieblingssport übernehmen und Dir so aktiv Führungserfahrung aneignen. Auch kannst Du der freiwilligen Feuerwehr beitreten oder bei einer der zahlreichen Institutionen als Sanitäter arbeiten. Gerne gesehen sind auch Vorstandsämter in Vereinen. Dadurch kannst Du zeigen, dass Du im Team arbeiten kannst und auch bereit bist, Verantwortung zu übernehmen. Dazu eignen sich Sportvereine oder Redeclubs. Bei den Vorstellungsgesprächen wirst Du dadurch etwas zu erzählen haben.

Warum Du fließend Englisch sprechen solltest

Gute Englischkenntnisse sind heute ein Muss. Wenn Du diese Weltsprache nicht beherrscht, ist dies für Dich ein großer Nachteil. Im Studium hast Du mehrere Möglichkeiten, Deine Kenntnisse aufzubessern. Die unterschiedlichsten Sprachkurse werden an der Universität oder Hochschule kostenlos oder sehr günstig angeboten. Sie variieren von „Business English" bis hin zum wissenschaftlichen Englisch. Auch kannst Du für ausländische Studenten an Deiner Universität oder Hochschule eine Mentorenrolle übernehmen. Dies ermöglicht Dir, englisch zu sprechen und so Deine Fähigkeiten zu verbessern.

Ebenso gibt es in Deiner Stadt womöglich auch Debattier- oder Redeclubs, die auf Englisch abgehalten werden. Zudem ist es sehr hilfreich, viele englische Texte zu lesen und Bücher in der Sprache zu kaufen. Auch kann es nützlich sein, Filme und Serien auf Englisch zu schauen. Auf den DVDs und Blu-Rays ist meistens die englische Tonspur enthalten.

Wie Du Sprachkenntnisse nachweist

In vielen Stellenanzeigen werden entweder gute Englischkenntnisse oder verhandlungssicheres Englisch gefordert. Gute Englischkenntnisse bedeuten, dass Du englische Texte verstehen und Dich auf Englisch unterhalten kannst. Verhandlungssicheres Englisch besagt, dass Du fließend englisch sprichst und auch nicht ins Schwitzen kommst, wenn Du mal eine Präsentation halten oder einen längeren Text aufsetzen sollst. Deine Sprachkenntnisse kannst Du durch einen offiziellen Sprachtest nachweisen.

Möglichkeiten sind zum Beispiel der TOEFL (Test of English as a foreign language) oder das Cambridge Language Zertifikat. Für diese Tests gibt es meist Vorbereitungskurse und Literatur. Da sie helfen, den Aufbau und den Inhalt des Tests zu verstehen, können sie zu einer deutlichen Verbesserung des Ergebnisses beitragen. Eine weitere Möglichkeit, Deine Sprachkenntnisse zu belegen, ist es, Deine Bachelor- oder Master-Arbeit auf Englisch zu verfassen. Dies kostet Dich vielleicht etwas mehr Zeit, kommt jedoch gut an.

Neben Englisch ist es in vielen Berufen von Vorteil, noch weitere Sprachen zu beherrschen. In einigen Branchen, wie beispielsweise in der Unternehmensberatung, ist dies sogar Voraussetzung. Zurzeit liegt Chinesisch hoch im Kurs, obgleich es nicht einfach ist, diese Sprache zu lernen. Spanisch, Portugiesisch und Französisch sind ebenfalls sehr beliebt. Wenn Du eine neue Sprache lernst, dann achte darauf, dass Du Dir das zertifizieren lässt. Für die verschiedenen Sprachen gibt es offizielle Stellen. In Frankreich ist zum Beispiel das mehrstufige DELF-Programm anerkannt, in spanischsprachigen Ländern das DELE-Zertifikat. Diese kannst Du an Deine Bewerbungen anhängen.

Warum Dir ein Auslandssemester neue Perspektiven bietet

Ein Auslandssemester ist längst nichts Besonderes mehr, sondern es wird oft negativ angesehen, wenn Du keins vorweisen kannst. Ein Auslandssemester kann eine tolle Erfahrung sein und ich kann es jedem nur empfehlen. Da es viel Planung erfordert, ist es wichtig, dass Du mindestens ein Jahr vor dem gewünschten Abreisetermin damit anfängst, Dich zu informieren. Am besten gehst Du zur Studienberatung und erkundigst Dich, welche Möglichkeiten es gibt. Viele Hochschulen und Universitäten haben Partnerinstitutionen im Ausland, bei denen es verhältnismäßig einfach ist, einen Studienplatz zu bekommen. Auch sind sie meist an internationalen Programmen, wie ERASMUS oder ATHENS, beteiligt. Weiterhin fördert der Deutsche Akademische Austauschdienst (DAAD) das Studium im Ausland. Berücksichtige, dass zwischen Bewerbung und Beginn des Auslandssemesters teilweise ein ganzes Jahr vergehen kann. Für manche Programme kannst Du Dich nur einmal pro Jahr an einem fest vorgegeben Termin bewerben.

Zunächst wird sich für Dich die Frage stellen, wo hin Du möchtest. Wenn es Dir sehr wichtig ist, eine bestimmte Sprache zu lernen, wird Deine Auswahl dadurch stark eingeschränkt. Wenn Du Deine Englischkenntnisse verbessern möchtest, stehen Dir in Europa England und die skandinavischen Länder zur Verfügung, in Amerika die USA und Teile Kanadas. Meist gilt, dass es viel einfacher ist, einen Auslandsstudiumsplatz innerhalb von Europa zu bekommen. Für Austauschprogramme mit den USA oder Asien werden oft sehr gute akademische Leistungen verlangt. Jedoch kann es von Unternehmen auch positiv gewertet werden, wenn Du einen der begehrten außereuropäischen Studienplätze ergattern konntest.

Wie Du den optimalen Zeitpunkt für Dein Auslandssemester wählst

Als Nächstes stellt sich die Frage, wann Du ins Ausland gehen möchtest. Hierfür bietet sich die Zeit zwischen Bachelor und Master an. Durch den Abschluss hast Du eine gewisse Zäsur im Studium und es kann Dir gut tun, für ein oder zwei Semester etwas anderes zu erleben. Eine andere Möglichkeit besteht darin, Deine Bachelor- oder Masterarbeit im Ausland zu verfassen. Dies hat den großen Vorteil, dass Du keine Zeit durch eventuell nicht anerkannte Kurse verlierst. Der Nachteil ist, dass Du nicht so viel vom Studentenleben kennen lernst und möglicherweise weniger Zeit zum Reisen hast. Auch gestaltet sich die Suche einer Arbeitsstelle aus dem Ausland als schwieriger. Ebenso kann sich die Frage nach der Länge des Aufenthalts stellen. Meist ist diese durch das Partnerprogramm auf ein Semester beschränkt, gelegentlich bietet sich jedoch wahlweise die Gelegenheit, ein ganzes Jahr im Ausland zu verbringen. Deinen Sprachkenntnissen wird dies gut tun und es gibt Dir die Chance, das Land noch besser zu erkunden. Jedoch kann es Dein Studium um einen gewissen Zeitraum verlängern, wenn nichts oder nur Teile der Prüfungen anerkannt werden.

Wie Du in der Bewerbung einen guten Eindruck hinterlässt

Hast Du Dich für ein Austauschprogramm, ein Land und eine Universität entschieden, gilt es, Deine Bewerbung zu schreiben. Dabei darfst Du herausarbeiten, warum Du dieses Land, Austauschprogramm bzw. diese Universität ausgewählt hast. Es kommt gut an, wenn Du schon mit Studenten aus der entsprechenden Institution Kontakt aufgenommen hast. Dank Facebook ist dies heute sehr einfach möglich. Sammele ein paar Informationen, die Du dann im Auswahlgespräch wiedergeben kannst. Wenn Du informiert bist, signalisiert das Interesse. Überlege Dir vorher genau, welche Kurse Du an der Institution besuchen willst und warum. Das macht zusätzlich einen guten Eindruck.

Für viele Austauschprogramme sind Empfehlungsschreiben von Professoren notwendig. Durch die Umstellung auf Bachelor bzw. Master ist dies etwas obskur.

Die meisten Professoren werden Dich nicht kennen und schon gar kein Urteil über Deine akademische Leistungsfähigkeit abgeben können. In der Regel schreiben Dir die Professoren, bei deren Vorlesungen Du gute Noten gehabt hast, trotzdem ein Empfehlungsschreiben. Hier ist es wichtig, sich bei den Studenten in höheren Semestern zu informieren, wie welcher Professor das handhabt. Ich habe erlebt, dass ein Professor, bei dem der Student nur eine Vorlesung belegt hat, ihm ein extrem gutes Empfehlungsschreiben gegeben hat. Genauso habe ich mitbekommen, dass ein Professor bei einem Studenten, der mehrere Vorlesungen mit guten und sehr guten Noten bei ihm absolviert hat, ein miserables Empfehlungsschreiben vergeben hat. Bei einer Kommilitonin war es sogar der Fall, dass sie ihr Schreiben selbst aufsetzen durfte und der Professor nur unterschrieben hat. Du kannst Dir vorstellen, wie das Empfehlungsschreiben aussah. Überlege Dir genau, zu wem Du gehst.

Warum es sich lohnt, Dich rechtzeitig um die Formalitäten zu kümmern
Hast Du die Zusage von der Universität bekommen, klärst Du am besten alle weiteren Formalitäten sofort. Flüge sind viel günstiger, wenn Du sie früher buchst und so kannst Du einiges an Reisekosten sparen. Wenn möglich, würde ich auch die Wohnungssituation frühzeitig regeln. Wenn Du vor Deiner Ankunft schon eine feste Wohnmöglichkeit hast, kannst Du entspannter ins Auslandssemester starten. Für einige Länder, wie die USA oder China, brauchst Du vor der Einreise ein Visum. Ohne dieses wirst Du sofort wieder ausgewiesen. Daher ist es wichtig, sich so früh wie möglich, darum zu kümmern. Um ein Visum für mein Auslandssemester in den USA zu bekommen, musste ich persönlich im amerikanischen Generalkonsulat München erscheinen, und einen Termin habe ich bei der Anmeldung erst vier Wochen später erhalten. Die Ausstellung des Visums hat ebenfalls eine Woche gedauert, so dass Du dafür mindestens fünf Wochen einplanen solltest.

Auch empfiehlt es sich, Dir Gedanken zu machen, was Du mit Deiner Wohnung machst, wenn Du im Ausland bist. Möglicherweise ist es sinnvoll, diese zu behalten. Dies kann der Fall sein, wenn Du in einer Stadt mit einer schwierigen Wohnsituation lebst oder Deine Wohnung besonders schön ist. Dann besteht die Möglichkeit, Deine wichtigen Gegenstände bei einem Lagerdienst einzulagern oder bei Eltern, Freunden oder Verwandten unterzustellen. Dann kannst Du Deine Wohnung untervermieten. Das hat auch den Vorteil, dass Du nach dem Auslandssemester nicht den Stress hast, Dir eine neue Wohnung suchen zu müssen.

Warum Du die Frage nach der Anerkennung so früh wie möglich klären solltest

Ein weiterer wichtiger Punkt ist die Anerkennung Deiner Leistungen im Ausland. Dies solltest Du auf jeden Fall vorher abgeklärt haben, damit Du keine bösen Überraschungen erlebst. Womöglich wird Dir sonst nichts oder kaum etwas anerkannt. Oftmals besteht die Möglichkeit, ein Learning Agreement zwischen den beiden Universitäten abzuschließen. In dem wird bestätigt, dass Du Deine Leistungen aus dem Ausland auch anerkennen lassen kannst, da sie in gewisser Weise Kursen aus Deiner Universität ähneln. Damit bist Du auf der sicheren Seite. Hast Du diese Möglichkeit nicht, ist es notwendig, Dich frühzeitig mit Deinem Studiengangsbeauftragten auseinanderzusetzen und abzuklären, welche Fächer Du in welchem Ausmaß einbringen kannst. Lass Dir das auf jeden Fall schriftlich geben, damit Du im Zweifelsfalle etwas in der Hand hast. Es kann vorkommen, dass Du Dir von Deinen Professoren bestätigen lassen musst, dass Deine Vorlesungen im Ausland den ihren ähneln oder mit ihnen inhaltlich übereinstimmen. Dies geht meist nur im Vorfeld.

Wie die Noten aus dem Ausland umgerechnet werden

Achte auch darauf, wie andere Credit-Systeme im ECTS-Format angerechnet werden. So habe ich es schon erlebt, dass eine Veranstaltung im Zeitumfang analog zu einer sechs ECTS Vorlesung nur als drei ECTS anerkannt wurde. Selbiges betrifft auch die Umrechnungen der Noten, wobei dort je nach Studienfach die absurdesten Umrechnungssysteme eingesetzt werden. Wenn Du an einer US-Universität studierst und damit das System von A–F hast, kann es sein, dass Deine Note komplett ignoriert wird und stattdessen ausschlaggebend ist, unter wie viel Prozent der Besten Du Dich befindest. Dies wird mit der deutschen Veranstaltung verglichen und die entsprechende Note verteilt. Haben in Deutschland die zehn Prozent Besten eine 1,0 bekommen, ist es dann lediglich ausschlaggebend, ob du auch unter den zehn Prozent besten warst. Wenn Du in den USA beispielsweise ein A, also eine 1,0, bekommen hast, aber nur unter den 30 % Besten warst, kann es sein, dass Du in Deutschland beispielsweise nur eine 2,3 bekommst.

Genauso ist es bei dem neuseeländischem System (es geht von A–D) vorgekommen, dass das A, die beste Note, in eine 1,7 umgerechnet wurde, da es nur vier statt, wie im deutschen, fünf Notenstufen gibt. So etwas ist sehr ärgerlich, wenn Du es vorher nicht weißt. Sonst hast Du die Möglichkeit im Vorfeld zu überlegen, inwiefern Du Dich anstrengst oder die Fächer gar nicht einbringst.

Wie Du einen Platz an einer Eliteuniversität bekommst

Anstatt den Weg über offizielle Austauschprogramme zu gehen, kannst Du versuchen, über Kontakte an einen Auslandsstudienplatz zu kommen. Dies läuft dann in der Regel über Professoren ab, die spezielle Beziehungen zu ausländischen Universitäten pflegen und damit einen gewissen Einfluss haben. Bei unserer Universität war es so, dass wir einen Studienplatz an der Stanford University oder am Massachusetts Institute of Technology nicht durch ein offizielles Austauschprogramm, sondern nur durch gute Kontakte zu den entsprechenden Professoren bekommen konnten. Diese haben die Möglichkeit nicht an jeden Studenten herangetragen, sondern nur wenige ausgewählt. Das waren meist die, die durch eine Tätigkeit als Hilfswissenschaftler und sehr gute Noten am Lehrstuhl besonders aufgefallen sind. Informiere Dich am besten frühzeitig, welcher Professor welche Beziehungen pflegt und frage dann in der Sprechstunde nach, inwiefern er Dich vermitteln könnte. Dafür ist selbstverständlich ein fachliches Interesse erforderlich.

> **Beispiel**
> **Wie ich mein Auslandssemester erlebt habe**
> Obwohl alle meine Kommilitonen gesagt haben, dass die Konkurrenz hoch ist, habe ich mich für ein Auslandssemester in den USA beworben. Mir war es wichtig, mein Englisch zu verbessern und mich hat der gute Ruf gelockt, den ein Auslandssemester in den USA hat. Außerdem konnte meine Universität kein geeignetes Partnerprogramm mit einer britischen Universität anbieten, so dass meine Wahl eingeschränkt war. Zunächst habe ich den TOEFL-Englischtest absolviert und entgegen meiner Befürchtungen ein Ergebnis erzielt, dass die Voraussetzungen für ein Studium an allen Partneruniversitäten erfüllt hat. Danach habe ich das dreistufige Auswahlverfahren unseres USA-Partnerprogramms durchlaufen, das sich aus einer umfangreichen schriftlichen Bewerbung, einem Bewerbungsgespräch mit vier Entscheidern und einer schriftlichen Bewerbung bei der amerikanischen Universität zusammensetzte.
>
> Die erste, schriftliche Bewerbung beinhaltete Motivationsschreiben für meine drei favorisierten Partneruniversitäten. Dies brachte einiges an Arbeit mit sich. Des Weiteren durfte ich zwei Empfehlungsschreiben von Professoren abgeben. Dies wurde zu einer Herausforderung, da ich im Bachelorstudium noch keinen von ihnen persönlich kannte. Deshalb habe ich mir zwei Professoren herausgesucht, bei deren Fächer ich sehr gut abgeschnitten hatte und am Lehrstuhl nachgefragt. Dies war kein Problem, am Lehrstuhl war jeweils ein Doktorand dafür zuständig, das Schreiben zu verfassen. Der Professor hat es lediglich unterschrieben. Dies hat mich jedoch ganz schön in Bedrängnis gebracht, da einer der Professoren im Urlaub war und ich das zweite Schreiben erst einen Tag vor mei-

nem Abgabetermin in den Händen halten konnte. Eine weitere Hürde war, dass ich die Bewerbungsformulare auf Din A3 drucken musste und so ein paar Euro am Copy-Shop loswurde. Den Sinn davon habe ich bis heute nicht verstanden. Vielleicht reicht so etwas schon aus, um halbherzige Bewerber abzuschrecken …

Das Bewerbungsgespräch mit den Studienberaterinnen unseres Studiengangs und der Zuständigen für Auslandsaufenthalte in den USA verlief sehr angenehm. Ich war am Anfang des Gesprächs sehr verwundert und auch ein bisschen erleichtert, als sie mir eröffneten, dass sie auf Grund der hohen Punktzahl im TOEFL-Test das Gespräch nun auf Deutsch führen würden. Auf die meisten Fragen hatte ich eine vorbereitete Antwort. So wurde ich gefragt, warum ich in die USA wollte, warum ich mir die Universitäten ausgesucht habe und welche Fächer ich belegen wollte. Die gefürchteten Fragen zur amerikanischen Geschichte, die von einigen Panikmachern prophezeit wurden, blieben aus. Nur bei der Frage, warum mich die amerikanische Kultur so faszinieren würde, kam ich ins Straucheln. Obwohl diese Frage auf der Hand lag, konnte ich nur mit Mühe und Not antworten und habe vom Mindset der unbegrenzten Möglichkeiten gefaselt. Am Schluss des Gesprächs kam die Frage, wie ich Amerikaner in Deutschland unterstützen könnte. Es stellte sich heraus, dass, wenn ich den Platz bekommen würde, automatisch im darauf folgenden Semester eine Mentorenschaft für einen ausländischen Studenten übernehmen sollte.

Nach der Zusage stand die Bewerbung an der ausländischen Universität an. Dies stellte sich als reine pro forma heraus. Innerhalb von vier Wochen habe ich die kompletten Unterlagen zugeschickt bekommen, inklusive Bestätigung für den Studienplatz, die notwendigen Unterlagen für den Visumsantrag und dem Antragsformular für einen Studentenwohnheimsplatz. Außerdem bekam ich eine Bescheinigung, um ein Urlaubssemester beantragen zu können. Dieses habe ich auf Grund des versetzten Semesters (August bis Dezember) in den USA nicht wahrgenommen, da ich mir damit die Möglichkeit offen gehalten habe, im Februar bzw. März noch Prüfungen mitschreiben zu können. Nach dem Faxen meines Antragsformulars für einen Wohnheimsplatz, bekam ich innerhalb eines Monats die Bestätigung.

Auch konnte ich mich über das Internet schon für meine Kurse einschreiben. An den amerikanischen Universitäten bezahlt man für jeden einzelnen Kurs und ich hatte für das Programm zwölf Credits zur freien Verfügung. Ein Credit-Punkt entspricht ungefähr drei ECTS Punkten. Damit ich als Vollzeitstudent gelten konnte, musste ich mindestens acht Credits belegen. Hätte ich diese Grenze unterschritten, wäre mein Visum ungültig geworden. Jedoch war es völlig egal, für welche Kurse ich mich eingeschrieben habe. Ich konnte auch welche aus dem Studiengang „Leisure times" (dies kann mit Freizeitwissenschaften übersetzt werden) wählen, die solche Titel wie Golf, Bowling, Rock Climbing oder Wine Tasting trugen. Einige Austauschstudenten haben ihren Fokus auf diese Kurse gesetzt.

Der Visumsantrag lief problemlos ab, es kostete jedoch einige Zeit, bis ich mich durch den Berg von Formularen gequält hatte. Auch brachte ein 15 € teures Telefongespräch mit der Hotline der Botschaft keine Auskunft darüber, inwiefern man bescheinigen sollte, dass man über genügend Mittel für den Auslandsaufenthalt verfügte. Um das Visum zu erhalten, musste man persönlich in einem der Konsulate vorsprechen. Da ich in München wohnte und sich dort sehr zentral eines davon befindet, war dies für mich keine Hürde. Wenn Du nicht in der Nähe eines Konsulats wohnst, darfst Du die Zeit für die Anreise reservieren. Der Termin selbst ging schnell herum und bestand lediglich aus der Beantwortung von ein paar Fragen und dem Scannen meiner Fingerabdrücke.

Mit dem Visum in der Tasche und einem Platz im Studentenwohnheim stand der Reise nichts mehr im Weg. Nur eine kleinere Impfung musste ich für den Aufenthalt noch vornehmen. Die Hinreise entpuppt sich als wahre Odyssee, da mein Anschlussflug in den USA zuerst acht Stunden Verspätung hatte und dann ganz ausgefallen ist. So bin ich dann über einen anderen Flughafen geflogen und einen Tag später angekommen. Mein Gepäck hat diese Reise nicht mitgemacht und wurde fünf Tage später nachgeliefert. Trotz dieser Strapazen habe ich mich schnell eingelebt und nach und nach an die amerikanische College-Kultur gewöhnt. Wann führen wir Pizza All-you-can-eat auch in deutschen Mensen ein?

Der Auslandsaufenthalt hat sich für mich sehr gelohnt. Ich habe dadurch gelernt, dass ich mich auch im Ausland gut zurechtfinden kann und meine Sprachkenntnisse haben sich stark verbessert. Das hat sich positiv auf mein Selbstbewusstsein ausgewirkt. Ich kann nun nachvollziehen, wie es ist, in einem fremden Land zu leben und sich an eine andere Kultur anzupassen. Entgegen meiner Erwartungen habe ich gemerkt, dass sich der „American way of Life" doch deutlich von den europäischen Einstellungen unterscheidet. Außerdem habe ich wunderschöne Trips nach San Francisco, Chicago und New York gemacht und tolle neue Leute kennen gelernt. Zusätzlich macht sich das Auslandssemester sehr gut im Lebenslauf.

Warum ein Auslandspraktikum genauso interessant sein kann
Eine Alternative zu einem Auslandssemester kann ein Auslandspraktikum sein. Für ein solches bewirbst Du Dich auf Stellenanzeigen. Hier sind die Anforderungen höher als bei gewöhnlichen Praktika, da die Unternehmen nur sehr vielversprechenden Kandidaten diese Option bieten werden. Der Vorteil gegenüber einem Auslandsstudium ist, dass das Praktikum in vielen Fällen bezahlt wird und Du wo-

möglich noch Zuschüsse zu Deiner Wohnung und Deinen Reisekosten bekommst. Da Du jedoch in den Arbeitsalltag eingebunden bist, bleibt Dir möglicherweise weniger Zeit zum Reisen bzw. um Deine Zeit im Ausland auch zu genießen. Für den Lebenslauf ist jedoch wichtig, dass Du einmal im Ausland warst. Es kann von Vorteil sein, wenn Du nachweisen kannst, dass Du Dich auch in einer fremden Arbeitsumgebung anpassen kannst.

13.2.3 Wie Du zu Deiner Wunschstelle kommst

Eine gute Möglichkeit, um Unternehmen kennen zu lernen und dort selbst einen Eindruck zu hinterlassen, sind Bewerbermessen. Interessant sind hier beispielsweise die Talents oder die IKOM, sowie regionale Veranstaltungen. Bei diesen hast Du eine große Anzahl an Unternehmen auf einer Fläche versammelt und kannst Dich daher sehr effizient informieren.

Warum Du nicht gleich zu Deinem Wunschunternehmen gehen solltest
Ich empfehle Dir, dass Du zum Warmwerden erst einmal zu den Unternehmensständen gehst, die Dich nicht so besonders interessieren. Bei denen kannst Du die Gesprächsführung üben und herausfinden, was die Unternehmen so über Dich wissen wollen. Auch wirst Du diese Gespräche viel lockerer führen, da Du nichts zu verlieren hast. Du kannst auch ausprobieren, ein paar frechere Fragen zu stellen. Beispiele hierfür sind: „Ich möchte innerhalb der nächsten vier Jahre eine Führungsposition bekleiden. Ist dies bei Ihnen möglich?" oder „Wie viel Budget steht für Weiterbildungen pro Jahr und Person zur Verfügung?" Dies wird Dir nutzen, um in zukünftigen Gesprächen souveräner aufzutreten und ist besonders dann sinnvoll, wenn Du noch wenig Erfahrung mit Bewerbungsgesprächen hast. Danach gehst Du auf Deine Wunschunternehmen zu.

Warum eine gute Vorbereitung wichtig ist
Präsentiere Dich so, dass Du die für das Unternehmen interessanten Informationen zuerst nennst. Diese bekommst Du heraus, wenn Du die Stellenanzeigen durchgehst. Wenn sie für alle Stellen verhandlungssichere Englischkenntnisse verlangen, dann erzähle ihnen, dass Du diese bei Deinem Auslandsaufenthalt in England erworben hast. Dein Französischzertifikat wird sie dann wahrscheinlich weniger beeindrucken. Achte auch darauf, dass Du für die typischen Fragen eines Bewerbungsgesprächs eine Antwort hast: „Was sind Ihre drei größten Stärken und Schwächen?", „Was war Ihr größter Rückschlag in Ihrem Leben?", „Wo sehen Sie sich in fünf bzw.

in zehn Jahren?" und „Fassen Sie in drei Sätzen zusammen, warum wir gerade sie einstellen sollten". Zu diesem Thema gibt es hunderte Ratgeber sowie kostenlose Ressourcen im Internet.

Auch kann es Dich weiterbringen, wenn Du die Fragen mit ein paar Freunden übst. Ihr nehmt euch dabei einen Ratgeber mit Fragen zur Hand und stellt sie Euch gegenseitig. Dabei gebt Ihr Euch Feedback, inwiefern die Antworten auf Euch eher positiv oder negativ gewirkt haben. Dass Du bei den Jobmessen saubere Kleidung und insbesondere geputzte Schuhe trägst, versteht sich von selbst.

Warum Du Deine Ansprechpartner erwähnen solltest

Wenn Du bei einer Bewerbermesse geglänzt hast, wollen die Unternehmen meist, dass Du ihnen Deine ausführlichen Bewerbungsunterlagen zusendest. Dafür merkst Du Dir die Namen der Ansprechpartner, mit denen Du auf der Messe geredet hast oder lässt Dir eine Visitenkarte geben. Diese erwähnst Du dann im Anschreiben: „Im persönlichen Gespräch mit Herrn Mustermann auf der Mustermesse in der Musterstadt konnte ich mir ein Bild von der Muster AG machen." Dies macht einen guten Eindruck und beweist, dass Du ein Gespräch geführt und Dich somit für das Unternehmen interessiert hast. Den Personalern gibt es die Möglichkeit, mit dem Ansprechpartner Rücksprache zu halten, welchen Eindruck er von Dir hatte.

Wie Du Dir Namen merkst

Es gibt nichts Unangenehmeres, als wenn Du in ein Bewerbungsgespräch kommst und Dir die Namen der Ansprechpartner nicht merken kannst. Zum Schluss verabschieden sie Dich mit Deinem Namen und wenn Du dies nicht erwidern kannst, hinterlässt dies einen schlechten Beigeschmack. Warum sollten sie jemanden einstellen, der sich noch nicht einmal ihren Namen merken kann? Wenn Du zu den vielen Menschen gehörst, die sich Namen schlecht merken können, brauchst Du nicht zu verzagen. Ich erkläre Dir hier eine ganz einfache Technik, wie Du sie Dir merken kannst.

Wir können uns Sachen am Besten anhand von Bildern einprägen. Deshalb ist die einfachste Möglichkeit, einen Namen in ein Bild umzuwandeln. Wenn wir uns den Namen „Anna" merken wollen, stellen wir uns eine Ananas vor. Diese müssen wir nun noch mit der Person Anna verknüpfen. Beispielsweise können wir uns vor unserem geistigen Auge ein Bild machen, bei dem Anna einen ananasförmigen Kopf hat oder andere Körperteile ananasförmig sind. Da darfst Du Deiner Fantasie freien Lauf lassen. Dabei gilt es, dass je verrückter ein Bild ist, desto schneller können wir es uns merken. Die interne Repräsentation des Bildes behalten wir selbstverständlich für uns.

Was machen wir nun, wenn es für den direkten Namen kein Bild gibt, wie bei den Namen Thomas oder Stefan? Wir zerlegen ihn in die einzelnen Silben und kreieren für jede Silbe ein einzelnes Bild. Aus Thomas wird „Tho" und „mas". Nun suchen wir uns zwei Wörter, die so ähnlich klingen. Diese könnten das englische „two" (für zwei) und Maß (für den Maßkrug) sein. Daraus setzen wir dann ein Bild zusammen: zwei englische Maßkrüge. Nun brauchen wir uns nur noch vorzustellen, dass Thomas mit zwei englischen Maßkrügen herumläuft. Einen englischen Maßkrug können wir uns so ausmalen, dass sich das Logo eines englischen Fußballvereins auf dem Krug befindet oder dass er eine englische Biersorte enthält. Deiner Kreativität sind dabei keine Grenzen gesetzt. Stefan zerlegst Du analog in „Ste" und „fan". Du stellst Dir einen „stehenden Fan" vor. Ich mache mir ein mentales Bild von Stefan im Fußballstadion: Alle sitzen, nur er steht.

Es bedarf etwas Übung, bevor Du Dir ein gutes Bild überlegt hast. Je häufiger Du dies machst, desto schneller wird Dir ein Bild einfallen. Nach einer Zeit wirst Du außerdem merken, dass Du für viele Namen bereits ein Bild parat hast und dann kannst Du die Namen sofort behalten. Auch ist es wichtig, dass Du die Namen ein paar Mal wiederholst, damit Du sie Dir noch besser merken kannst. Das machst Du so, dass Du Dein Gegenüber direkt mit seinem Namen ansprichst. Wichtig ist außerdem, dass Du gleich nachfragst, wenn Du den Namen nicht richtig verstanden hast bzw. wenn er sehr kompliziert ist. In den meisten Fällen freut sich Dein Gegenüber, wenn Du Dir Mühe gibst, seinen Namen richtig zu lernen.

Warum Du bei einer Ablehnung nachfragen solltest

Wenn die Unternehmen kein Interesse an Dir haben, dann frage unbedingt nach, woran dies liegt. Oft sind das Punkte, die Du nachholen kannst, wie beispielsweise ein Praktikum in der Branche oder zusätzliche Sprachkenntnisse. Vielleicht waren dies auch ganz banale Punkte, wie unangemessenes Auftreten. Damit kann auch die falsche Kleidung gemeint sein. Wenn Du den Grund nicht herausfindest, kann es sein, dass Du Dir deswegen noch viele weitere Stellen verbaust. Bleibe unbedingt hartnäckig und lasse Dich nicht durch Floskeln, wie „Andere Kandidaten waren besser qualifiziert." abspeisen. Frage nach, warum denn die anderen Bewerber geeigneter sind. Haben sie bessere Noten, längere Auslandserfahrung oder ein sichereres Auftreten?

Warum sich eine Jobmesse immer lohnt

Es kann sinnvoll sein, auch dann zu Bewerbermessen zu gehen, wenn Du nicht konkret nach einem Job suchst. Es bietet Dir die Möglichkeit, Erfahrungen zu sammeln und schon einige Gespräche zu Übungszwecken zu führen. Dadurch kannst Du Kontakte knüpfen, auf die Du später zurückgreifen kannst. Möglicherweise ergeben sich dadurch Gelegenheiten, an Firmenworkshops oder Praktika teilzunehmen. Auch kannst Du Dich informieren, was genau gesucht wird und Dich daraufhin ausrichten. Oder Du lässt Dich über die verschiedenen Stellen aufklären, für die Du mit Deinem Studiengang geeignet bist.

Warum das Netzwerk das A und O ist
Eine weitere Möglichkeit, Kontakt zu Unternehmen aufzunehmen, sind Netzwerkportale wie Xing.de, LinkedIn.com oder Monster.de. Auf diesen kannst Du ein individuelles Profil anlegen und Deinen Lebenslauf einpflegen. Unternehmen können, wenn sie neue Mitarbeiter einstellen wollen, auf diese Profile zurückgreifen und gezielt suchen. Wenn Du auf diesen Portalen Deine Daten ausführlich dokumentiert hast, kann es sein, dass die Unternehmen auf Dich zukommen bzw. Dir mitteilen, dass Du Dich bei ihnen bewerben sollst. In diesem Fall sind Deine Chancen viel höher, da die Unternehmen auf Dich zugekommen sind. Dies heißt meist, dass es nicht so viele Fachkräfte gibt, als dass sich eine klassische Ausschreibung lohnen könnte.

Ein Profil auf solch einer Seite ist wie Deine Visitenkarte. Sorge dafür, dass Du mit einem professionellen Foto vertreten bist und auf diesem sympathisch wirkst. Würdest Du als Personaler jemanden kontaktieren, der ein Foto von sich im Hawaii-Hemd auf einem Karriereportal stehen hat? Wie verhält es sich mit jemandem, der einen Blick drauf hat, als ob er die ganze Menschheit hassen würde? Achte genauso darauf, dass alle Deine Daten korrekt, vollständig und übersichtlich sind. Du würdest keinen lückenhaften Lebenslauf verschicken.

Bei Xing und LinkedIn hast Du die Möglichkeit, Kontakte hinzuzufügen. Nutze dies jedes Mal, wenn Du neue, geschäftliche Kontakte kennen gelernt hast. Am Besten fügst Du sie schon am nächsten Tag mit einer Nachricht, dass Du Dich gefreut hast, die Bekanntschaft zu machen, hinzu. So erhöhst Du die Chance, dass sie sich an Dich erinnern. Ab dann werden sie jedes Mal darüber informiert, wenn sich etwas an Deinem Profil ändert. Wenn Du angibst, dass Du auf der Suche nach einem Auslandspraktikum bist, kommt möglicherweise einer Deiner Kontakte auf Dich zu, der gerade eines im Angebot hat. Dies ist sehr davon abhängig, wie gut Du Dein Netzwerk ausgebaut hast. Wenn Du 500 Kontakte hast, ist die Chance, dass sich jemand bei Dir meldet, deutlich höher, als wenn Du nur 50 Kontakte gesammelt hast.

Warum Du darauf achten musst, was Du im Internet veröffentlichst
Du darfst davon ausgehen, dass Dein potenzieller Arbeitgeber Deinen Namen bei Google eingibt. Falls noch nicht geschehen, überprüfe bitte, was die Suchmaschine findet. Die Fotos von Deinem letzten Abschuss am Wochenende können ganz

schnell dazu führen, dass Du nicht zum Bewerbungsgespräch eingeladen wirst. Solche persönlichen Dinge haben im Internet nichts zu suchen. Allgemein gilt, dass Du nichts ins Internet stellen solltest, was Dir schaden kann. Achte deshalb auch darauf, dass Du nicht auf irgendwelchen unvorteilhaften Fotos verlinkt wirst. Falls dies doch einmal der Fall sein sollte, beantrage am besten sofort die Löschung. Jedoch ist es meist so, dass das, was einmal im Internet ist, kaum wieder entfernt werden kann. Also sei bitte sehr vorsichtig mit dem, was Du preisgibst.

Wie Du Dich initiativ bewirbst

Wenn Du in Stellenanzeigen und auf Jobmessen keine geeignete Stelle gefunden hast, kann es sinnvoll sein, Dich initiativ zu bewerben. Suche Dir die Unternehmen heraus, die Dich am meisten interessieren und schicke eine Bewerbung ab. Darin beschreibst Du, wie Du dem Unternehmen nützlich sein kannst und warum Du dort arbeiten möchtest. Heutzutage werden einige Stellen gar nicht mehr offiziell ausgeschrieben, da der Andrang an Bewerbungen über das Internet schon hoch ist. Oft bekommen sie viele Bewerbungen, die jedoch nicht gut genug auf die Stelle passen. Deshalb kann eine Initiativbewerbung ein guter Weg sein, an diese „versteckten Jobs" heranzukommen. Auf jeden Fall hebst Du Dich mit einer Initiativbewerbung ab. Sollte eine Stelle ganz aktuell frei geworden sein, hast Du eventuell die Möglichkeit, ganz ohne Konkurrenz ein Bewerbungsgespräch zu führen. So kann sich das Unternehmen die offizielle Ausschreibung sparen. Falls keine Stelle frei sein sollte und dem Unternehmen Deine Unterlagen gefallen, nehmen sie Dich in ihren Bewerberpool auf und benachrichtigen Dich möglicherweise, wenn eine Stelle freigeworden ist.

13.3 Die Konsequenzen eines Karriere-Studiums

Wenn Du Dein Studium darauf ausgerichtet hast, einen guten Job zu bekommen, sind die Chancen hoch, dass Du dies erreichst. Wahrscheinlich wirst Du ein höheres Einstiegsgehalt bekommen und vielleicht auch schneller aufsteigen, als jemand, der zwar gute Noten hat, jedoch nur auf seine Studieninhalte fixiert war. Nach dem Studium wirst Du normalerweise sofort eine Stelle oder sogar schon Monate vor Deinem Studienende einen unterschriebenen Arbeitsvertrag in Deiner Schublade haben.

Allerdings verlangt dies vielfältiges außeruniversitäres Engagement. Du darfst einen großen Teil Deiner Freizeit in studentischen Initiativen, Praktika oder Werkstudententätigkeiten verbringen. Dadurch geht einiges vom Studentenleben verloren. Auch wird sich das möglicherweise negativ auf die Noten auswirken, wenn

13.3 Die Konsequenzen eines Karriere-Studiums

Du weniger Zeit zur Verfügung hast, um Dich mit Deinem Studium zu beschäftigen. Möglicherweise musst Du ein bis zwei Semester dran hängen, um auch längere Praktika machen zu können.

Zusammenfassung

- Wenn Du Dir Deine Fähigkeiten bewusst machst und Dir die Rahmenbedingungen für Deinen Traumjob aufschreibst, fällt es Dir leichter, eine gute Wahl zu treffen.
- Es ist sinnvoll, im Studium schon einiges an Berufserfahrung zu sammeln. Dabei kannst Du Dich entweder um Praktika oder Werkstudententätigkeiten bemühen.
- Du kannst Deinen Lebenslauf durch studentische Initiativen und soziales Engagement aufwerten.
- Sprachkenntnisse haben im globalen Wettbewerb eine viel höhere Bedeutung gewonnen. Achte darauf, dass Du zumindest Englisch fließend beherrschst.
- Ein Auslandssemester macht sich im Lebenslauf gut und kann für Dich eine sehr schöne und lehrreiche Erfahrung sein. Alternativ kannst Du Dich um ein Auslandspraktikum bemühen.
- Jobmessen sind eine gute Möglichkeit, erste Unternehmenskontakte aufzubauen. Doch auch ein gutes Profil auf Xing.de oder Monster.de kann Dich Deinem Traumjob näher bringen. Vielleicht willst Du Dich auch initiativ bewerben.

Folgende Kapitel können Dich auch interessieren:
Kapitel 6 Der beste Weg zu guten Noten
Kapitel 7 So spielst du ganz oben mit

14 Selbstständigkeit oder Unternehmensgründung – so geht es

> **Zusammenfassung**
> In diesem Kapitel erfährst Du, wie Du
>
> - den Weg in die Selbstständigkeit neben dem Studium gehen kannst und
> - was Du bei einer Unternehmensgründung neben dem Studium alles beachten musst.
>
> Wenn Du eine gute Idee hast und die vorgestellten Informationen sorgfältig verwendest, hast Du vielleicht bald Deine eigene Firma und darfst Dich CEO nennen.

14.1 Warum Du auf eigenen Beinen stehen möchtest

Hier kommen die Gründe, warum Du selbstständig arbeiten oder ein eigenes Unternehmen gründen willst:

- Du möchtest Dein eigener Chef sein und selbst über Deine Tätigkeit bestimmen. Du kannst es nicht ertragen, an Aufgaben zu arbeiten, die Du nicht als zielführend erachtest.
- Du möchtest Dich selbst verwirklichen und etwas Eigenes auf die Beine stellen. Dein Business ist Dein „Baby".
- Du möchtest unabhängig von geregelten Arbeitszeiten und dem Standort Deiner Arbeit sein. Du möchtest Dich entscheiden können, weniger zu arbeiten und dafür auf Umsatz zu verzichten.

- Du hast erkannt, dass Du es als Angestellter sehr schwer hast, an das große Geld zu kommen. Du weißt, dass Du mit dem eigenen Unternehmen, auch wenn die Chancen gering sind, viel Geld verdienen kannst.
- Dir ist es wichtig, dass Deine Arbeit einen Sinn hat. So willst Du Dich beispielsweise mit einer Idee gesellschaftlichen Herausforderungen annehmen und so einen positiven Einfluss auf sie ausüben.

14.2 Wie Du Dich richtig auf Dein Business vorbereitest

Zunächst darfst Du entscheiden, ob Du lieber allein oder in einem Team arbeiten möchtest. Wenn Du Dich lieber allein durchschlagen willst, ist eine selbstständige Tätigkeit das richtige für Dich. Du bietest dabei eine Dienstleistung oder ein Produkt an und kümmerst Dich um den gesamten Geschäftsprozess, von der Neukundenakquise bis zum Schreiben der Rechnung. Du hast viel Freiheit, da Du Dich nur mit Deinen Kunden absprechen musst, bist aber andererseits auf Dich allein gestellt. Auch ist es begrenzt, was Du alleine bewegen kannst. Du hast keine Mitarbeiter und bist deshalb darauf angewiesen, Dir Dienstleistungen, die Du nicht selbst übernehmen kannst, hinzuzukaufen.

Mit einer Unternehmensgründung kannst Du viel bewegen. Du stellst dabei ein Team auf, bei dem jeder in seinem Spezialgebiet arbeitet. Idealerweise ist jeweils mindestens eine Person für die Produktentwicklung, eine für die Finanzen und eine für die Vermarktung bzw. den Vertrieb zuständig. Wenn die Gründung erfolgreich ist, könnt Ihr neue Mitarbeiter einstellen, die Euch unterstützen, und so das Unternehmen zum Wachstum bringen. Oder Ihr verkauft es. Anders als die Selbstständigkeit verlangt eine Gründung meist eine höhere Investition und ist weniger flexibel. Zunächst musst Du Dich mit Deinen Mitgründern arrangieren: Wie werden die Anteile aufgeteilt? Wer bringt wie viel Kapital ein? Wie viel Arbeitszeit wird benötigt? Darauf folgt eine formelle Gründung mit Eintrag ins Handelsregister. Der Aufbau eines Unternehmens erfordert in der Anfangsphase sehr viel Arbeit, so dass Du stark eingebunden sein wirst. Auch ist es eine Herausforderung, das Projekt solange zu finanzieren, bis es sich selbst trägt. Dies kann schon mal ein paar Jahre dauern, in denen Du Dich mit einem niedrigen Gehalt und einer hohen Arbeitsbelastung abfinden musst.

14.2.1 Wie Du neben dem Studium selbstständig arbeitest

Wenn Du selbstständig arbeiten willst, wirst Du eine Dienstleistung anbieten. Dazu eignen sich besonders die informationstechnischen Berufe. Klassische Dienstleistungen in diesem Bereich sind Programmierarbeiten, Erstellung und Wartung von Internetseiten, die Reparatur von Computern und Support für Software- und Hardwarefragen. Eine weitere Möglichkeit sind Designarbeiten, wie die Erstellung eines Webseitenlayouts oder die Gestaltung von Flyern oder Postern. Viele Studenten geben außerdem Nachhilfe für Schüler oder Studenten, was auch unter selbstständige Arbeit fallen kann. Die Möglichkeiten dabei sind weitreichend und Deiner eigenen Kreativität überlassen. Allerdings solltest Du Dich vorher mit der Konkurrenz auseinandersetzen. Wenn es nur so von Nachhilfeangeboten in Deiner Universität oder Hochschule wimmelt, wirst Du es deutlich schwerer haben, als wenn Du nur einer von wenigen bist. Hier gilt, dass Du Deine Konkurrenz am Anfang nur durch den Preis schlagen kannst. Deshalb darfst Du eventuell erst ein paar Monate deutlich unterhalb des Marktwerts für Deine Tätigkeit arbeiten.

Warum am Anfang Referenzen so wichtig sind

Eine weitere Herausforderung sind die Referenzen. Da Du noch im Studium stehst, fällt es Dir schwerer, Deine Kompetenz zu belegen. Hier kommt Dir das Bachelor-System sehr entgegen: Hast Du Deinen Bachelor of Science in Informatik bereits abgeschlossen, kannst Du die Preise für Deine Programmierarbeiten anheben. Du hast mit dem Bachelor ein Qualitätssiegel, das Dir eine gewisse Kompetenz zuschreibt. Genauso kannst Du mit einem Bachelor in Mediendesign Deine Flyergestaltung leichter verkaufen. Stehst Du noch am Anfang Deines Studiums, ist es sinnvoll, Referenzen zu sammeln. Als Mediendesigner kannst Du den Flyer für eure Uniparty für wenig oder kein Geld gestalten. Deine Kunden werden Dich oft nach Arbeitsproben fragen und Du hast dann etwas vorzuweisen. Wer viel Geld ausgibt, möchte kein Versuchskaninchen sein.

Warum die Preisgestaltung heikel ist

Für Deine Dienstleistung oder Dein Produkt darfst Du einen Preis festlegen. Dieser sollte am Anfang nicht zu hoch sein, damit Du schnell die ersten Kunden gewinnen und Dich von etablierten Anbietern differenzieren kannst. Allerdings sollte er auch nicht zu niedrig sein, damit Du nicht unseriös wirkst. Und schließlich willst Du auch etwas verdienen. Am besten informierst Du Dich über die Preise in Deiner Branche. Wenn Du diese nicht über Webseiten herausbekommst, sollte dies spätestens nach ein paar Telefongesprächen bei den Anbietern geklärt sein. Du kannst dann überlegen, wie weit Du die Preise unterbieten möchtest. Hast Du einiges an Erfahrung gesammelt, kannst Du die Preise stufenweise anheben, bis Du leicht unter das Niveau Deiner Konkurrenz kommst. Allerdings ist dafür ein bisschen Fingerspitzengefühl notwendig, damit Deine Bestandskunden nicht abspringen.

Wie Du an Deine Kunden kommst

Eine der größten Herausforderungen bei der selbstständigen Arbeit ist die Gewinnung von neuen Kunden, besonders am Anfang, wenn Du noch unbekannt bist. Deshalb ist es von Vorteil, Dich zunächst als seriös zu präsentieren. Dazu legst Du eine Internetseite an, auf der Du Deine Dienstleistung oder Dein Produkt erklärst, etwas über Dich schreibst und den Besuchern die Möglichkeit gibst, Dich zu kontaktieren. Wenn Du keine Erfahrung in der Gestaltung von Internetseiten hast, dann informiere Dich bei Deinen Kommilitonen bzw. am Umfeld der Universität. Ich bin mir sicher, dass Du jemanden findest, der Dir eine Homepage günstig erstellt. Des Weiteren kann es Dir helfen, Visitenkarten zu bestellen. Wenn Du neue Geschäftskontakte kennenlernst, ist es üblich, die Visitenkarte auszutauschen. Wenn Du keine hast, wirkt dies unprofessionell. Visitenkarten kannst Du Dir bei vielen Anbietern für unter 50 € erstellen lassen.

Hast Du Dich um diese grundlegenden Dinge gekümmert, kannst Du anfangen, nach Kunden zu suchen. Eine gute Möglichkeit dafür ist das soziale Netzwerk Xing. Dort kannst Du unter „Ich biete" Deine Dienstleistung eintragen und dadurch werden möglicherweise Kunden auf Dich stoßen. Auch kannst Du nach Leuten suchen, die unter „Ich suche" Deine Dienstleistung eingetragen haben und diese gezielt kontaktieren. Eine weitere Option ist es, in Jobbörsen nach Tätigkeiten zu suchen und die Anbieter anzuschreiben, dass Du diese als Dienstleister übernehmen möchtest. Für die Unternehmen hat es den Vorteil, dass sie dann keine Abgaben tätigen müssen. Allerdings ist der Preis von externen Dienstleistungen meist höher, als wenn sie durch Angestellte erbracht werden.

Ein sehr wichtiger Punkt ist der Aufbau Deines Netzwerkes. Zu vielen Themen gibt es regionale Verbände oder Stammtische. Beispielsweise kannst Du einen Stammtisch für Selbstständige besuchen. Dort kannst Du Dir wichtige Anregungen holen und mitbekommen, welche Themen im Moment aktuell sind. Auch kannst Du Dich mit anderen austauschen, wie sie ihre Kundenakquise betreiben und so von ihren Erfahrungen profitieren. Viele sind bereit, Neueinsteiger zu unterstützen.

Was Deine steuerlichen Pflichten sind

Bevor Du mit Deiner selbstständigen Arbeit beginnen kannst, ist eine Anmeldung beim Finanzamt erforderlich. Dabei hängt es sehr davon ab, ob Du freiberuflich arbeiten oder ein Gewerbe anmelden möchtest. Unter die freien Berufe fallen wissenschaftliche, künstlerische, schriftstellerische, unterrichtende oder erzieherische Tätigkeiten. Im Einkommensteuergesetz findest Du eine Liste, auf der die einzelnen Berufsbezeichnungen aufgeführt sind. Alle anderen Tätigkeiten müssen als gewerbliche Tätigkeit angemeldet werden. Eine freiberufliche Tätigkeit hat den Vorteil, dass keine Gewerbesteuer gezahlt werden muss. Wenn Du Dich angemeldet hast, wirst Du vom Finanzamt Deine Steuernummer bekommen. Ab dann ist es Pflicht, jedes Jahr Deine Einkommensteuererklärung abzugeben. Nach einiger Einarbeitung und Internetrecherche sollte es Dir gelingen, diese selbstständig zu erstellen. Bei Fragen kannst Du Dich immer an den zuständigen Sachbearbeiter im Finanzamt wenden.

Umsatzsteuer: ja oder nein?
Bei der Anmeldung kannst Du Dir aussuchen, ob Du die Umsatzsteuer mit einbeziehen möchtest. In diesem Fall berechnest Du auf allen Deinen Rechnungen die Mehrwertsteuer. Diese kannst Du dann mit der Mehrwertsteuer gegenrechnen, die Du selbst für Produkte oder Dienstleistungen bezahlt hast und für Deine selbstständige Tätigkeit benötigt werden. So kannst Du Dir bei entsprechenden Umsätzen die Steuer für Deinen neuen Laptop vom Finanzamt zurückerstatten lassen. In manchen Fällen kannst Du dadurch einiges an Geld sparen. Allerdings musst Du die Umsatzsteuer für Deine Kunden berechnen. Dies ist kein Problem, wenn es sich um Geschäftskunden handelt, da diese die Steuer zurückerstattet bekommen. Privatkunden, wie Du sie bei der Nachhilfe hast, dürfen draufzahlen. Wenn sie dies nicht mitmachen, bist Du gezwungen, Deine Preise zu senken. Wenn Deine Umsätze einen bestimmten Wert überschreiten (in der Vergangenheit waren es 17.500 €), bist Du verpflichtet, die Umsatzsteuer zu berechnen.

Warum Du, wenn Du zu viel verdienst, weniger Geld zur Verfügung hast
Ein wichtiger Punkt ist das Kindergeld. Dieses bekommst Du nur bis zu einer bestimmten Einkommensgrenze, die in der Vergangenheit bei ca. 8000 € lag. Wenn Du die Grenze überschreitest, fallen ca. 1500 € pro Jahr weg. Insofern macht es keinen Sinn, 9000 € zu verdienen, da Du dann im Endeffekt weniger Geld zur Verfügung hast. Auch musst Du darauf achten, dass die Befreiung von Studiengebühren (die Befreiung ist üblich, wenn Deine Eltern mindestens für drei Personen Kindergeld beziehen) teilweise an das Kindergeld gekoppelt ist. Fällt Dein Anspruch auf Kindergeld weg, bist Du verpflichtet, die Studiengebühren zu zahlen.

Ein weiterer Punkt betrifft die Krankenversicherung. Dort gibt es meist Reglungen, wie viel Du verdienen und wie viele Stunden pro Woche Du arbeiten darfst. Im Zweifelsfalle musst Du auch eine neue Krankenversicherung abschließen, die deutlich teurer sein wird, als Dein Beitrag in der Familienversicherung Deiner Eltern. Im schlimmsten Fall kommen auf Dich also ein Verlust von 1500 € durch den Wegfall des Kindergelds, 1000 € Kosten durch die Studiengebühren für zwei Semester und 2000 € Kosten durch eine teurere Krankenversicherung zu. In diesem Extremfall müsstest Du 12.501 € verdienen, um einen Euro mehr in der Tasche zu haben, als wenn Du 8000 € verdienst. Deshalb macht der zusätzliche Arbeitsaufwand nur Sinn, wenn Du deutlich mehr verdienst.

Ein weiterer Punkt ist die Scheinselbstständigkeit, die verboten ist. Diese tritt ein, wenn Du nur mit einem einzelnen Kunden arbeitest. Dann tritt der Verdacht auf, dass Ihr dies so geregelt habt, um Steuern und Sozialabgaben zu sparen. Wenn Du nur einen Kunden hast, ist ein Angestelltenverhältnis die logische Konsequenz. In der Vergangenheit war es jedoch so, dass Du als Vollzeitstudent von dieser Reglung ausgeschlossen warst und Deinem Kunden dann eine Immatrikulationsbescheinigung von Dir zukommen lassen hast, um das zu belegen.

▸ Informiere Dich unbedingt über den aktuellen gesetzlichen Stand!

14.2.2 Wie Du eine Unternehmensgründung durchführst

Für eine Unternehmensgründung sind grundsätzlich zwei Dinge erforderlich: ein Team und eine Geschäftsidee. Die Geister scheiden sich dabei, ob die Idee oder das Team wichtiger sind. Der Hintergrund dafür ist, dass in der Praxis gute Teams mit mittelmäßigen Ideen oft erfolgreicher sind als schlechte Teams mit guten Ideen. Die richtig großen Durchbrüche sind jedoch nur mit guten Ideen gelungen. Fakt ist, dass Du am besten beides haben solltest.

Wie kommst Du an ein Team

Grundsätzlich gibt es verschiedene Methoden, ein Team zusammenzustellen. Eine Möglichkeit, die viele einschlagen, ist, dass sie mit ihren Kommilitonen oder Freunden ein Unternehmen gründen. Dies hat den Vorteil, dass Ihr schnell eine eingespielte Gruppe seid und Euch auch sonst gut versteht. Bei Euch ist die Teamfindungsphase wesentlich kürzer und Ihr könnt schneller loslegen. Auch ist das Risiko geringer, dass Ihr nach einiger Zeit feststellt, dass die Zusammenarbeit doch keinen Spaß macht. Der Nachteil ist, dass auch persönliche Differenzen mit in die Arbeit einspielen. So werden Entscheidungen womöglich auf der persönlichen Ebene getroffen und nicht das getan, was für das Geschäft am besten wäre. Es ist die Frage, ob Ihr Euch immer noch so gut versteht, wenn Ihr die ganze Zeit zusammen seid. Scheitert die Unternehmung, kann es die Freundschaft schwer belasten oder gar zerstören. Auch kann die Kreativität im Team leiden, wenn Du mit Freunden gründest, da Ihr Euch meist in vielen Aspekten gleicht und somit auch ähnliche Einfälle habt. Wenn Menschen sich stark unterscheiden, entwickeln sie gemeinsam die besten Ideen.

Es kann demnach von Vorteil sein, mit „fremden" Personen zu gründen. Wenn Du die richtigen Leute findest, könnt Ihr Euch perfekt ergänzen. Jedoch wird meistens viel Zeit benötigt, Mitgründer zu finden. Sie dürfen von Dir zunächst überzeugt werden, dass die Idee so gut ist, dass sich damit Geld verdienen lässt. Weiterhin musst Du sie auch für Deine Persönlichkeit gewinnen: Du musst ihnen erklären, warum Du genau der richtige Mensch bist, die Gründung durchzuführen. Am leichtesten ist es, Leute anzuheuern, die gründungsinteressiert sind. Diese findest Du auf den verschiedenen Gründungsveranstaltungen: von Startup-Weekends über Businessplan-Seminaren und Gründerkongressen. Hier kannst Du die richtigen Kontakte für Dein Startup knüpfen und möglicherweise schon erste Investoren kennen lernen. Diese Veranstaltungen lohnen sich auch, wenn Du noch keine Idee für eine Gründung hast. Du findest dort mit einer hohen Wahrscheinlichkeit eine Innovation, an der Du gerne mitarbeiten möchtest.

Wie Du an eine Idee kommst

Heutzutage ist es sehr einfach geworden, an Ideen zu kommen. Die Frage ist nur, ob Du sie umsetzen kannst und ob sie sich zur Umsetzung in einer Unternehmensgründung eignen. Sehr beliebt ist das Prinzip der Copycat. Du beobachtest die Startup-Szene in anderen Ländern, wie beispielsweise den USA, und schaust, was dort funktioniert. Die Modelle, die erfolgreich sind, passt Du auf die nationalen Gegebenheiten an und baust sie in Deutschland auf. Dies klingt im ersten Moment vielleicht etwas krass, jedoch haben dies viele erfolgreiche Unternehmen so gemacht. Bekannte Beispiele sind die Gutscheinplattform City Deal und das soziale Netzwerk StudiVZ. Eine beliebte Alternative ist es, ein erfolgreiches Geschäftsmodell zu übernehmen und es auf eine andere Branche anzuwenden. Das Startup Chocri hat sich beispielsweise an dem MyMuesli-Modell orientiert. Bei MyMuesli kannst Du Dir das eigene Müsli aus einer großen Anzahl von Zutaten zusammenstellen und online bestellen. Chocri überträgt das Konzept auf individuelle Schokolade. Hast Du schon mal an die individuellen Weihnachtsplätzchen oder die Zutaten für Deinen perfekten Obstsalat gedacht?

Wenn Du eine innovativere Dienstleistung oder Produkt entwickeln möchtest, kannst Du den Markt nach Dingen durchsuchen, die viele Leute stören. Denkbar wäre ein Föhn, der keinen Krach macht und damit das Musikhören während des Föhnens ermöglicht. Oder wie wäre es mit einem Schuh, der eine spezielle Beschichtung hat, so dass man ihn auch im Winter nicht putzen muss? Beobachte genau, was die Menschen im Alltag ärgert. Rede mit ihnen darüber und frag sie, was sie ändern wollen. Bei Unternehmen kannst Du genau das gleiche machen. Frag nach, was die größten Herausforderungen sind und ob sie für deren Lösung Geld bezahlen würden. Dies ist ein wichtiger Punkt: Wenn Du eine Idee hast, dann rede mit möglichst vielen potenziellen Kunden darüber. So merkst Du schnell, ob die Idee ankommt oder keine Regung hervorruft. Es bringt nichts, darüber zu schweigen und dann ein Produkt zu entwickeln, das den Kunden nicht interessiert.

Warum Du Dich in die Materie einarbeiten solltest

Für eine Gründung ist es sehr von Vorteil, wenn Du Dich mit dem Thema möglichst ausführlich auseinander gesetzt hast. Hilfreich ist es, wenn Du die Nachrichten im Bereich Gründung auf deutsche-startups.de, gründerszene.de oder techcrunch.com verfolgst. So bekommst Du einen Überblick, was auf dem Gründermarkt passiert, welche Geschäftsmodelle erfolgreich sind und welche scheitern. Du kannst Deine eigene Idee dadurch realistischer bewerten. Besuche auch möglichst viele Gründungsveranstaltungen, um Gründer kennenzulernen und von ihren Erfahrungen zu profitieren. Je nach Standort Deiner Hochschule oder Universität gibt es Vortragsreihen von Gründern, Businessplan-Seminare und Gründerkongresse. Wichtig ist, dass Du diese auch aktiv nutzt.

Wenn Du Vorträge besuchst, überlege Dir im Vorfeld Fragen und stelle diese. Nutze auch die Möglichkeit, nach dem Vortrag auf die Redner zuzugehen. In den allermeisten Fällen freuen diese sich darüber und sind auch bereit, Dir Tipps zu geben. Außerdem sind die Gründer von heute oft die Investoren von morgen. Da kann es nicht schaden, wenn Du schon ein paar Kontakte aufgebaut hast. Ein Businessplan-Seminar kann Dir helfen, Deine Idee noch einmal kritisch auf den Prüfstand zu stellen. Hast Du wirklich alle Faktoren bedacht? Auch dient ein Businessplan dazu, Deine Idee zu konkretisieren. Was brauchst Du zur Umsetzung? Ist der Hauptknackpunkt das Kapital, das Know-how oder ein Patent? Der Businessplan kann außerdem dazu genutzt werden, mit anderen über die Geschäftsidee zu kommunizieren. Du hast mit ihm eine solide Grundlage.

Den Businessplan kannst Du auch bei Businessplan-Wettbewerben einreichen. Dabei kannst Du Preisgelder gewinnen und – viel wichtiger – kostenlose PR für Deine Geschäftsidee machen. Die Gewinner eines Businessplan-Wettbewerbs bekommen je nach Bedeutung eine geringe bis hohe Medienaufmerksamkeit. Dies ist kostenlose Werbung für Dein Startup. Auch erhältst Du von den Juroren Feedback zu Deiner Idee. Dies kannst Du nutzen, um sie noch zu verfeinern und zu verbessern. Lasse Dich allerdings nicht entmutigen, wenn Du im Wettbewerb nicht so gut abschneidest. Wie jede Bewertung, ist auch die Deines Businessplans in gewissem Maße subjektiv.

Gründerkongresse sind eine hervorragende Möglichkeit, Kontakte zu knüpfen und Deine Idee vorzustellen. Gründer diskutieren meiner Erfahrung nach sehr gerne über Geschäftsideen und können Dir daher gutes Feedback geben und Dich auf Punkte aufmerksam machen, an die Du vielleicht gar nicht gedacht hast. Du kannst hier auch mögliche Kooperationspartner, Investoren und Mitgründer kennen lernen. Denke daran, ausreichend Visitenkarten mitzunehmen.

Wie Du Deine Gründung finanzierst

Eine der größten Herausforderung einer Gründung ist die Finanzierung. Am besten ist es dabei, wenn Ihr es anfangs schafft, Euch selbst zu finanzieren. So müsst Ihr keine Anteile abgeben oder Kredite aufnehmen. Auch habt Ihr es für spätere Finanzierungsrunden viel leichter, wenn Ihr selbst schon einen Prototyp entwickeln konntet. Danach könnt Ihr auf verschiedene Finanzierungsmöglichkeiten zurückgreifen:

- **Staatliche Förderungen**: Förderungen, wie das EXIST-Programm für hochschulnahe Gründungen, sind sehr zu empfehlen, da Ihr einen hohen Geldbetrag zur Verfügung bekommt, den Ihr nicht zurückzuzahlen braucht. Ihr bekommt also Geld vom Staat geschenkt. Ein weiterer Punkt ist, dass eine staatliche Förderung ein Gütesiegel für eure Geschäftsidee ist und Ihr bei möglichen Kooperationspartnern und Kunden damit punkten könnt. Zu bedenken ist, dass es möglicherweise lange dauert, bis Eure Anträge geprüft werden und Ihr eventuell auch mehrere Bewerbungsiterationen braucht. Viele Anträge werden auch abgelehnt, wenn der Innovationsgrad der Idee nicht hoch genug ist. Oft gibt es auch kleinere Förderungsmöglichkeiten wie kostenlose Räume für Startups. Dadurch könnt Ihr Geld sparen.
- **Bootstraping**: Dies bezeichnet die Finanzierung durch Eigenkapital. Klassische Wege sind dabei das eigene Ersparte oder die reiche Oma oder Tante. Dies hat den Vorteil, dass Ihr keine Anteile verliert. Jedoch besteht die Möglichkeit, dass Ihr das Vermögen der Familie verspielt. Du musst selbst entscheiden, ob Du dieses Risiko eingehen möchtest und es moralisch vertreten kannst.
- **Gründerkredite**: Da Gründerkredite ein sehr hohes Ausfallrisiko haben, werden sie oft durch spezielle Fördermittel des Bunds oder der Länder subventioniert. Bei der Beantragung ist ein detaillierter Businessplan erforderlich. Dieser sollte Auskunft über das Geschäftsmodell enthalten und insbesondere darüber, wann die Gewinnschwelle erreicht werden wird. Dies ist der Zeitpunkt, an dem die Erlöse und die Kosten gleich sind. Ein Gründerkredit ist meist sehr zinsgünstig und kann daher eine echte Alternative zu den anderen Finanzierungsformen sein.

- **Business Angel**: Diese investieren kleinere bis mittlere Summen (weniger als 250.000 €) in Unternehmensgründungen und wollen dafür meist einen erheblichen Teil Eurer Anteile haben. Sie spekulieren darauf, dass Euer Unternehmen in absehbarer Zeit viel mehr wert sein wird und sie ihre Anteile gewinnbringend veräußern können. Dafür sind sie meist auch bereit, Euch Know-how in Form von Beratungsleistungen zur Verfügung zu stellen. Allerdings haben sie je nach Gesellschaftsvertrag die Möglichkeit, auf Grund ihrer Anteile bei wichtigen Entscheidungen mitzuwirken.
- **Venture Capital**: Venture Capital-Geber investieren in Startups, die schon die ersten Umsätze generieren, um ihnen ein großes Wachstum zu ermöglichen. Klassischerweise investieren sie Summen von 250.000 bis zu mehreren Millionen Euro. Sie spekulieren darauf, dass sie in einem Zeitraum von fünf Jahren ihr Investment verzehnfachen. Deshalb ist ihr Fokus, dass Eure Gründung stark auf Gewinn ausgerichtet ist. Auf Grund der großen Summe lassen sie sich meist umfangreiche Vetorechte bei Entscheidungen zusichern. Auch könnt Ihr davon ausgehen, dass sie ihre Anteile in absehbarer Zeit verkaufen werden. So ist für Euch unberechenbar, wer nach dieser Zeit die Anteile hält bzw. ob sie diese nicht an ein Konkurrenzunternehmen verkaufen. Dies könnt Ihr umgehen, wenn Ihr Euch das Recht einräumen lasst, die Anteile zurückzukaufen. Beachtet auch, dass Gespräche mit einem Venture Capital-Geber sehr langwierig sein können und Ihr Euch deshalb rechtzeitig darum bemühen müsst.

Welche Geschäftsform Du wählen kannst

Für eine Gründung gibt es grundsätzlich vier Geschäftsformen, die interessant sind: die GbR, die GmbH, die UG und die AG.

Die Gesellschaft bürgerlichen Rechts (GbR) ist die einfachste Form. Deine Mitgründer und Du setzen einen Gesellschaftsvertrag auf und unterschreiben diesen. Ab dann besteht die GbR. Eine offizielle Eintragung ist nicht erforderlich und Ihr könnt die Geschäftätigkeit sofort aufnehmen. Der große Nachteil ist, dass Ihr bei einer GbR mit Eurem Privatvermögen haftet. Deshalb ist eine GbR nur als Übergangslösung zu empfehlen.

Die Gesellschaft mit beschränkter Haftung (GmbH) wird mit einem Gesellschaftsvertrag und einer Satzung gegründet und muss von einem Notar beim Handelsregister angemeldet werden. Daher fallen für die Gründung gewisse Kosten an. Bei Schäden haftet die GmbH nur mit dem Geschäftsvermögen, als Gründer musst Du also im Gegensatz zur GbR nicht mit Deinem Privatvermögen geradestehen. Der Nachteil der GmbH ist, dass für die Gründung ein Stammkapital von 25.000 € aufgebracht werden muss.

Die Unternehmensgesellschaft (UG) wird auch als Mini-GmbH bezeichnet und ist eine Vorstufe zur GmbH-Gründung. Diese muss auch notariell ins Handelsregister eingetragen werden, jedoch ist dies schon ab einem Stammkapital von einem Euro möglich. Diese Unternehmensform ist strenger durch Vorschriften reglementiert: So dürfen maximal drei Gesellschafter auftreten, und es ist nur ein Geschäftsführer zu bestimmen. In einer UG müssen 25 % des Jahresüberschusses als Rücklage gebildet werden. Werden dadurch 25.000 € erreicht, kann die UG in eine GmbH umgewandelt werden.

Die Gründung einer Aktiengesellschaft (AG) ist teuer und erfordert einen erheblichen Bürokratieaufwand. Der Vorteil ist, dass man Anteile sehr leicht verteilen und umverteilen kann. Eine AG lohnt sich im Normalfall nur, wenn Ihr plant, ein großes Unternehmen aufzubauen und damit auch an die Börse gehen möchtet. Sonst ist in den meisten Fällen die Gründung einer GmbH vorzuziehen.

In der Regel ist es bei einer Gründung ausreichend, zunächst einen Gesellschaftsvertrag für eine GbR aufzusetzen, wenn Ihr noch nicht nach außen hin vertreten seid. Dies kann der Fall sein, wenn Ihr zunächst einen Prototyp entwickelt. Mit dem Vertrag könnt Ihr Eure Anteile aufteilen, damit es im Zweifelsfalle nicht zu bösen Überraschungen kommt. Sobald Ihr ins Außenverhältnis geht, also mit Kunden zu tun habt, solltet Ihr eine offizielle Gründung (beispielsweise als UG) vornehmen. So seid Ihr vor privaten Haftungsrisiken geschützt. Ich empfehle, den Gesellschaftsvertrag frühzeitig aufzusetzen, da dafür die wesentlichen Aspekte, wie die Verteilung der Anteile, geklärt werden. So können spätere Konflikte vermieden werden.

Wie Du die Hauptfallstricke bei der Unternehmensgründung umgehst

Aus meiner Erfahrung gibt es vier Faktoren, die für das Scheitern der meisten Unternehmensgründungen zuständig sind:

- **Unzureichendes Geschäftsmodell**: Einer der Hauptgründe, warum Startups scheitern, ist ein wackeliges Geschäftsmodell. Die Gründer stecken viel Zeit, Energie und Entwicklung in eine tolle Internetplattform oder ein tolles Produkt. Allerdings haben sie vorher nicht richtig darüber nachgedacht, wie man damit Geld verdienen kann. Das kann das schnelle „Aus" des Startups bedeuten. Die meisten Kapitalgeber wollen an Hand von Zahlen sehen, dass Euer Business funktioniert. Wenn es noch keinen Euro Umsatz gemacht hat, ist es viel schwerer, sie zu einem Investment zu bewegen und dieses wird auch deutlich geringer ausfallen. Würdest Du in ein Unternehmen investieren, das kein Geld erwirtschaftet? Achtet also darauf, dass Ihr euer Unternehmen so ausrichtet, dass Ihr möglichst schnell Umsätze generieren könnt, auch wenn diese am Anfang noch nicht so hoch sein müssen.

- **Fehlende Vermarktung**: Viele Gründer basteln ewig an ihrem Produkt, bis es sehr ausgereift ist. Allerdings weiß kaum jemand, dass dieses Produkt auf dem Markt ist. Dann wundern sie sich, dass niemand es kauft bzw. die Besucherzahlen auf der Webseite gering sind. Der Aufwand für die Vermarktung ist nicht zu unterschätzen. Deshalb ist es am besten, möglichst frühzeitig damit zu beginnen. Geht zum Beispiel mit Prototypen auf Eure Kunden zu und macht sie damit auf Euch aufmerksam. Auch merkt Ihr schnell, ob das Produkt beim Kunden ankommt und ihr könnt so möglicherweise noch einmal nachbessern. Stellt auch eine möglichst langfristige Strategie auf, wie Ihr an Kunden kommen wollt, beispielsweise durch Kaltakquise, den Besuch von Messen und Kongressen oder Online-Marketing. Am besten ist es, wenn Ihr jemanden mit im Team habt, der schon Erfahrungen in diesem Bereich gesammelt hat.
- **Entwicklung am Kunden vorbei**: Ein Fehler, den viele Gründer aus dem technischen Bereich machen, ist, dass sie ein sehr ausgereiftes Produkt mit zahlreichen technischen Raffinessen entwickeln, der Kunde damit jedoch nichts anfangen kann. Er braucht das Produkt schlicht und einfach nicht oder es ist ihm viel zu kompliziert. Die einzige Möglichkeit, dies zu verhindern, ist ein frühzeitiger Kundenkontakt. Geht zeitig auf die potenziellen Kunden zu und lasst sie Euer Produkt immer wieder testen. Nehmt ihr Feedback ernst und entwickelt Euer Produkt an den Bedürfnissen des Kunden. Dann sollte es bei der Markteinführung nicht zu Überraschungen kommen, zumindest zu keinen großen.
- **Arbeit im Home-Office**: Einige Gründer sind der Meinung, dass sie Zeit und Geld sparen können, wenn sie zu Hause arbeiten. Sie haben keine Fahrtzeit ins Büro und können deshalb sofort mit der Arbeit beginnen. Auch sparen sie einiges an Kosten. Für Selbstständige mag das zutreffen, nicht jedoch für Gründer. In einer Unternehmensgründung ist eine ständige Absprache notwendig, da besonders am Anfang der Gründung die Aufgabenbereiche nicht streng getrennt sind. Ich habe in eigener, leidvoller Erfahrung gelernt, wie ineffektiv die Arbeit von zu Hause sein kann. Dauernd durfte ich auf Absprachen warten. Eine Dynamik ist zusätzlich nicht vorhanden. Beim gemeinsamen Arbeiten kann man sich besser gegenseitig motivieren. Außerdem sind Meetings nicht durch Telefonkonferenzen zu ersetzen. Dort bekommst Du nicht mit, wenn jemand eine skeptische Haltung gegenüber einer Idee innehat oder ein Teammitglied nicht ganz dabei ist. Mein Rat ist deshalb, dass Ihr Euch von Anfang an ein Büro mietet, oder wenn dies nicht möglich ist, dass Ihr in der Wohnung von einem von Euch arbeitet.

14.2 Wie Du Dich richtig auf Dein Business vorbereitest

> **Beispiel**
> **Warum ich aus meiner ersten Unternehmensgründung ausgestiegen bin**
> Meine erste Unternehmensgründung kam durch Xing zustande. Ich hatte dort angegeben, dass ich mich mit einem bestimmen Content Management System auskenne. Daraufhin hatte mich ein Unternehmer angeschrieben, dass er ein Projekt mit diesem Content Management System hatte und mich gerne treffen wollte. Dabei ging es um eine innovative Geschäftsidee, wie man das TV-Programm auf eine neue Art und Weise im Internet darstellen konnte. Während ursprünglich geplant war, dass ich freiberuflich arbeiten würde, stellte sich schnell heraus, dass ich so viel Spaß an der Sache hatte, dass ich an der Gründung teilhaben wollte. Ein Nachteil an einer freiberuflichen Arbeit ist, dass Du nicht alle Ideen, die Du hast, umsetzen kannst, sondern nur die, die der Kunde auch bezahlen möchte. Damit hatte ich freie Hand und erlangte 20 % der Anteile. Dafür arbeitete ich unbezahlt und hatte das Risiko auf meiner Seite. Ein schlechter Deal, wie sich später herausstellte, da ich mit der technischen Umsetzung auch einen Großteil der Arbeit und damit des Risikos auf meiner Seite hatte.
> Schnell gelang es uns, ein Medienunternehmen mit an Bord zu holen, das für die redaktionelle Pflege der Inhalte und das Community-Management zuständig war. Die eigentliche Entwicklung des Produktes, einer Internetplattform, dauerte etwa ein halbes Jahr. Danach kam die Ernüchterung: Trotz Ankündigung auf Startup-Blogs blieben die Besucher aus. Dies war eine sehr frustrierende Zeit. Ans Aufgeben war nicht zu denken und mir kam die Idee mich mit Suchmaschinenoptimierung zu beschäftigen. Durch gezielte Maßnahmen gelang es uns, bei vielen TV-Sendungen auf Platz zwei oder drei bei Google platziert zu werden. So stiegen die Besucherzahlen von zehn auf 100 pro Tag und ging dann langsam auf die 1000 zu. Als wir 1000 Besucher pro Tag gehabt hatten, war dies für uns der größte Erfolg, und er machte uns glauben, dass die Idee Potenzial hatte. Schließlich schafften wir es sogar, fast 10.000 Besucher täglich zu bekommen und somit eine große Reichweite zu haben.
> Leider haben wir alle vier der vorher genannten Fallstricke bedient. Dass wir die Plattform nicht vernünftig vermarktet haben, sondern auf ein Wunder warteten, habe ich schon beschrieben. Der fataleste Fehler war, wie sich später herausstellte, das unzureichende Geschäftsmodell. Die Anfangsidee war, eine Plattform bzw. Community aufzuziehen, die eine große Reichweite hatte und diese dann an einen Verlag oder ein Medienunternehmen zu verkaufen. Jedoch stellte sich nach vielen Verhandlungen heraus, dass zu diesem Zeitpunkt kein Verlag Interesse hatte. Somit hatten wir außer Werbung auf der Webseite keinen Kanal, um Umsätze zu generieren. Ich bin der Meinung, dass die Plattform

bei Verlagen auf ein großes Interesse gestoßen wäre, wenn wir eine Möglichkeit gefunden hätten, sie zu monetarisieren.

Des Weiteren haben wir eine Idee entwickelt und umgesetzt, die nicht unbedingt das Bedürfnis des Kunden widergespiegelt hatte. So war die Rate der Besucher, die sofort von der Webseite abgesprungen ist, sehr hoch. Auch hatten wir kaum Besucher, die regelmäßig auf der Webseite vorbeigeschaut haben. Im Nachhinein wäre es sinnvoll gewesen, die Webseite regelmäßig von zehn bis zwanzig Leuten testen zu lassen und deren Feedback einzuarbeiten. Den Faktor, dem ich die hauptsächliche Ursache dafür zuschreibe, dass wir nicht erfolgreich waren, war die Arbeit im Home-Office. Dies führte zu einer großen E-Mail-Flut und endlosen Diskussionen, weil wir uns nicht richtig verstanden haben. Regelmäßige Treffen hätten aus meiner Sicht die Motivation hochgehalten, Entscheidungen beschleunigt und neue Ideen generiert.

Nach knapp zwei Jahren entschied ich mich, auszusteigen und damit auch meine Anteile abzugeben. Dies war eine der schwersten und besten Entscheidungen, die ich je getroffen habe. An den Erfolg habe ich nicht mehr geglaubt und so hat das Projekt nur noch Zeit und Nerven gekostet. Natürlich war es sehr schade, da ich über 1000 Stunden Zeit investiert hatte und trotzdem mit leeren Händen gehen musste. Auch habe ich mir Gedanken gemacht, was passiert wäre, wenn, sobald ich ausgestiegen wäre, jemand die Plattform für einen hohen Geldbetrag gekauft hätte. Letztendlich hat überwogen, dass mir das Projekt keinen Spaß mehr gemacht hat. Nichtsdestotrotz habe ich dabei unglaublich viel gelernt und bin froh, dass ich es gemacht habe.

Wie Du den Spagat zwischen Gründung und Studium meisterst

Besonders am Anfang wirst Du in die Gründung sehr viel Zeit und Energie investieren müssen. In den allermeisten Fällen wird Dein Studium darunter leiden. Während der Gründungsphase hast Du keine Zeit, alle Veranstaltungen zu besuchen oder Dich großartig auf Prüfungen vorzubereiten. Andernfalls wird es Deine Gründung behindern. Deshalb ist es sehr von Vorteil, wenn Du Dich für einen bestimmten Fokus entscheidest. Du kannst Dich entscheiden, zwei Urlaubssemester zu beantragen und damit ein Jahr frei zu nehmen, um Dich voll und ganz auf Deine Gründung zu konzentrieren. Danach weißt Du, ob sich die Gründung lohnt und falls nicht, kannst Du Dein Studium wieder aufnehmen und abschließen. Wenn die Gründung erfolgreich ist, kann sich die Frage stellen, ob es sinnvoll ist, das Studium abzuschließen. Prominente Beispiele zeigen, dass das nicht unbedingt nötig ist, jedoch wird die positive Wirkung eines Abschlusses oft unterschätzt. Wenn Du auf Kapitalsuche gehst, kann ein abgeschlossenes Studium sehr von Vorteil sein und auch, wenn Du Kunden oder Kooperationspartner suchst. Viele bewerten ein Studium als ein Qualitätssiegel und schätzen so die Chance geringer ein, mit Dir einen Reinfall zu erleben. Auch beweist ein abgeschlossenes Studium, dass Du in der Lage bist, etwas stetig durchzuziehen.

Generell bin ich der Meinung, dass während oder direkt nach dem Studium die beste Möglichkeit für eine Unternehmensgründung besteht. Du kannst Dich mit einem relativ geringen Lebensstandard zufrieden geben und Dich somit mit einem geringeren Gehalt arrangieren. Des Weiteren bist Du im Allgemeinen noch keine familiären Verpflichtungen eingegangen und hast daher auch noch die Möglichkeit, ein Risiko einzugehen. Wenn Du verheiratet bist und zwei Kinder hast, für die Du sorgen darfst, wirst Du vielleicht skeptischer an eine Unternehmensgründung herantreten. Auch gibt es einige Investoren, die die Erfolgswahrscheinlichkeit von Personen, die zwei Jahre oder länger im Beruf stehen, wesentlich schlechter bewerten. Wenn Du die Gründung im Blut hast, kann ich Dir nur empfehlen, viel auszuprobieren.

Wie Dir ein Praktikum Klarheit schaffen kann

Wenn Du nicht sicher bist, ob eine Gründung bzw. die Arbeit in einem Startup etwas für Dich ist, kann ein Praktikum in diesem Bereich die richtige Wahl sein. Dort kannst Du feststellen, wie es in einem Startup zugeht und ob Du bereit wärst, die Kosten einer Unternehmensgründung zu tragen: viele Unsicherheiten und Risiko, viel Verantwortung und sehr lange Arbeitszeiten. Außerdem kannst Du dort schon viel Erfahrung sammeln, die für eine eigene Gründung interessant sein können. Im Startup ist immer viel zu tun, so dass Du möglicherweise auch anspruchsvollere Aufgaben bekommst als in einem herkömmlichen Praktikum. Ebenso kannst Du Kontakte in der Gründerszene aufbauen. Diese sind dort vielleicht noch wichtiger als in einer anderen Branche.

14.3 Die Konsequenzen eines Gründerstudiums

Wenn Du während des Studiums gründest, kannst Du Dich auf eine spannende Zeit freuen. Du beweist Mut und nimmst das Steuer für ein selbstbestimmtes Leben in die Hand. Du bereitest Dich auf ein Leben als erfolgreicher Unternehmer vor und selbst, wenn es nicht klappt, hast Du viel Erfahrung gewonnen und Dich selbst weiterentwickelt. Im idealen Fall hast Du viel Geld und Ansehen erworben und positiv zur Gesellschaft beigetragen. Wenn Du selbstständig arbeitest, kannst Du Dir so womöglich Dein Studium finanzieren und bist völlig unabhängig von Deinen Eltern und dem Staat.

Allerdings gefährdest Du mit einer Gründung Deinen Studienabschluss und hast daher nach erfolgloser Gründung möglicherweise schlechtere Chancen auf dem Arbeitsmarkt. Auch kann es Dich körperlich und emotional sehr belasten, wenn Du durch eine Gründungstätigkeit Deinen Hauptfokus auf die Arbeit legst und so nur noch wenig Zeit für Freunde, Familie, Sport und Hobbys hast. Auch eine Selbstständigkeit kann viel Arbeit in Anspruch nehmen und sich somit negativ auf Deine Noten und Deine Balance auswirken.

Zusammenfassung

- Die erste Entscheidung ist, ob Du alleine oder im Team arbeiten möchtest. Je nachdem ist eine Selbstständigkeit oder eine Unternehmensgründung für Dich geeigneter.
- Um als Selbstständiger erfolgreich zu sein, hilft es, schnell Referenzen zu sammeln, auch, wenn Du etwas mit dem Preis runtergehen musst. Die Kundenakquise ist zentral und Du wirst dort viel Kreativität investieren.
- Als Selbstständiger musst Du Dich auch mit den rechtlichen und steuerlichen Aspekten beschäftigen. Kläre insbesondere vorher ab, wie viel Du verdienen darfst, damit Du nicht plötzlich aus dem Kindergeld und der Krankenversicherung heraus fällst.
- Als Gründer brauchst Du eine Idee und ein Team. Beim Team kann es von Vorteil sein, mit „Fremden" zu gründen, anstatt mit Deinen Freunden.
- Das Netzwerk ist ein kritischer Erfolgsfaktor und Du kannst es auf Startup-Weekends, Businessplan-Seminaren, Vortragsreihen von Gründern und Gründerkongressen aufbauen.
- Die Gesellschaftsform und die Finanzierung sind bei der Gründung die Kernpunkte.
- Vier der größten Faktoren, die den Erfolg bei einer Gründung verhindern, sind ein unzureichendes Geschäftsmodell, eine fehlende Vermarktungsstrategie, die Entwicklung am Kunden vorbei und die Arbeit im Home-Office.

Folgende Kapitel können Dich auch interessieren:
Kapitel 4 Schnell zum Abschluss — so geht es
Kapitel 5 Wenig Aufwand, große Resultate

So kannst Du herausfinden, was Du wirklich machen möchtest

15

Zusammenfassung
In diesem Kapitel gebe ich Dir zwei Übungen an die Hand, die Dir dabei helfen herauszufinden, was Du wirklich im Leben machen möchtest.

15.1 Warum Du das Studium als Zwischenstation nutzt

Das sind Gründe dafür, dass Du Dein Studium nur als Pufferzeit benutzt, bis Du Dir über Dich selbst im Klaren bist:

- Du hast Dich noch nicht entschieden, was Du später machen möchtest. Deine jetzigen Optionen erscheinen Dir als nicht erstrebenswert.
- Das Studium gibt Dir eine gewisse Art von Sicherheit. Du bekommst keine Lücke im Lebenslauf und wenn Du in jedem Semester ein paar Prüfungen ablegst, sind Deine Familie und Dein weiteres soziales Umfeld zufrieden.
- Du musst Dir finanziell keine Sorgen machen, da Deine Eltern oder Verwandten Dein Studium tragen oder Du BAföG beziehst.

15.2 Wie Du Deine Berufung findest

Deine Berufung zu finden, ist eine herausfordernde Tätigkeit und es ehrt Dich sehr, dass Du Dich in jungen Jahren schon damit beschäftigst. Die meisten machen sich darüber keine großen Gedanken und nehmen nach dem Studium den erstbesten Job an, der ihnen angeboten wird. Meiner Meinung nach ist die Berufung auch nichts, was Du von heute auf morgen findest, sondern es handelt sich dabei um einen Prozess, bei dem Du Dich immer weiter Deiner Traumtätigkeit annäherst.

Wenn Du Millionär wärst...
Ein interessantes Gedankenexperiment ist die Millionärsübung. Stelle Dir vor, dass Du zehn Millionen Euro auf dem Konto hättest, ein eigenes Haus und ein tolles Auto in der Garage, sowie alle materiellen Dinge, die Du Dir wünschst. Stelle Dir weiterhin vor, dass Du keine Verpflichtungen hättest (weder beruflich noch privat), sondern völlig frei wärst. Nun nimm Dir einen Stift und einen Zettel und schreibe alles auf, was Du unter diesen Voraussetzungen tun möchtest. Würdest Du vielleicht die Weltreise machen? Würdest Du einen Pilotenschein machen, den Mount Everest besteigen oder Dein eigenes Geschäft eröffnen? Würdest Du eventuell auswandern oder Dein Geld für wohltätige Zwecke spenden? Oder würdest Du sogar noch einmal studieren und diesmal ohne Druck, nur zum Vergnügen? Nimm Dir etwa 30 min Zeit und schreibe alles nieder, egal wie absurd es im ersten Moment klingen mag. Die vielleicht wichtigste Frage ist, wie Du Dich die nächsten zehn Jahre beschäftigen würdest. Wahrscheinlich bekommst Du die Pläne für ein oder zwei Jahre locker zusammen, doch für eine längere Zeit kann es Dich ganz schön zum Nachdenken bringen. Die Ergebnisse können Dir wichtige Hinweise darauf geben, was Du wirklich machen willst.

Wenn Du mit genügend finanziellem Rückhalt nach Deinem Studium zusätzlich noch Medizin studieren und Deine eigene Kinderarztpraxis aufmachen willst, bist Du wahrscheinlich mit Deinem Maschinenbaustudium nicht so gut bedient. Wenn Du mit dem Geld mehrere Bauvorhaben realisieren willst, kann es Sinn machen, Dich mit Architektur zu beschäftigen. Wenn Du mit Hilfe der Übung herausgefunden hast, was Du wirklich willst, kannst Du Dich fragen, warum Du Dich noch nicht darauf zubewegt hast. Wer oder was hindert Dich, Deine Träume zu leben? Auch kannst Du schon heute die ersten Schritte unternehmen, um Dich Deinem Ziel zu nähern. Möchtest Du Schauspieler werden, kannst Du Dich bei einer Theatergruppe in Deiner Hochschule oder Universität anmelden oder einen Schauspielkurs an der Volkshochschule belegen. Möchtest Du lieber ein hochrangiger Politiker sein, dann kannst Du einer Partei beitreten oder an einem Rede- oder Debattierclub teilnehmen. Selbstverständlich sind das nur kleine Schritte. Die meisten Leute überschätzen jedoch, was sie in einem Jahr erreichen und unterschätzen, was sie in zehn Jahren schaffen können.

Deine Vergangenheit kann Dir wichtige Hinweise geben
Überlege Dir einmal, was Du in der Vergangenheit gemacht hast, was Dir wirklich Spaß gemacht hat und worin Du richtig gut warst. Lass Dir ruhig ein paar Dinge ein-

fallen. Dann überlege Dir, was diese Tätigkeiten in der Struktur gemeinsam hatten. Vielleicht warst Du schon immer gut darin, andere von etwas zu überzeugen. Egal, ob es sich um die Party am Abend oder das Fußballspielen am Nachmittag handelte, wenn Du es angepriesen hast, waren immer viele Leute da. Auch haben Deine Freunde die Produkte gekauft, die Du ihnen empfohlen hast. Die Gemeinsamkeit hier ist, dass Dir das Verkaufen viel Spaß gemacht hat. Für Dich wäre dann eventuell ein Job im Vertrieb geeignet. Möglicherweise ging es Dir aber auch am besten, wenn Du anderen Leuten helfen konntest. Wenn sich jemand wehgetan hat, warst Du gleich zur Stelle, um ihn zu verarzten. In der Familie hast Du Dich auch immer um die Kranken gekümmert. Für Dich könnte Arzt oder Apotheker der richtige Beruf sein.

Es klingt banal, aus Deinem Verhalten in der Kindheit Deine Berufung abzuleiten. Erstaunlicherweise können wir das für andere Leute jedoch ziemlich gut tun. Meist sind wir nicht überrascht, wenn wir hören, dass unsere ehemalige Mitschülerin Tierärztin geworden ist oder unser Mitschüler sich für ein Jurastudium entschieden hat. Diese Voraussagungen nehmen wir aus verschiedene Faktoren vor, unter anderem wie sie oder er sich in der Schule verhalten hat. Wieso sollten wir solche Aussagen also nicht für uns selbst treffen können? Eine interessante Übung ist, ein paar Bekannte aus der Schule anzuschreiben, mit denen Du länger keinen Kontakt mehr hattest und sie zu fragen, was Du ihrer Meinung jetzt machst. Du wirst erstaunt sein, wie richtig sie liegen.

> **Beispiel**
> **Warum es bei mir schon in der Schulzeit offensichtlich war**
> Ich habe in der Schulzeit immer wahnsinnig gerne erklärt. Im Informatikunterricht war ich mit den Aufgaben sehr schnell fertig und bin dann rumgegangen und habe den anderen die Sachverhalte beigebracht und ihre Fragen beantwortet. Ich habe eine Homepage-AG angeboten und den Schülern erläutert, wie sie ihre eigene Webseite erstellen und gestalten können. Damals gab es Facebook und Co. noch nicht und es war etwas Besonderes, wenn man als Schüler seine eigene Website hatte. Weiterhin habe ich Nachbarn erklärt, wie sie ihren Computer richtig bedienen und Software einrichten können.
> Im Studium bin ich einem Redeclub beigetreten. Meine Reden handelten meist davon, dass ich einen Sachverhalt aus der Persönlichkeitsentwicklung erläutert habe. Das Lernen hat mir außerdem am meisten Spaß gemacht, wenn ich mein Wissen an andere Kommilitonen vermitteln konnte. Dabei kommt es nicht auf das Thema an, sondern auf die Struktur der Tätigkeiten. Mir macht es am meisten Freude, anderen Leuten etwas beizubringen oder zu erklären. Deshalb ist für mich die Beratungs- und die Coaching-Branche das ideale Berufsfeld und

es ist auch nicht verwunderlich, dass Du nun ein Buch von mir in den Händen hältst.

15.3 Die Konsequenzen des Wissens um Deine Berufung

Wenn Du weißt, was Du wirklich willst, dann wird es viel leichter für Dich. Du brauchst bei Entscheidungen nicht mehr zu hadern, sondern Du weißt, was zu tun ist. Du wirst viel selbstsicherer, selbstbewusster und ruhiger sein. Du wirst genau wissen, was das richtige ist und Dich daher nicht mehr ablenken lassen.

Du wirst Dich schnell verändern und vorankommen. Wahrscheinlich wirst Du ein paar alte Freunde zurücklassen, die mit Deiner neuen Art und Deiner neuen Fröhlichkeit nicht mehr klar kommen. Das ist jedoch nicht so schlimm, da Du schnell neue Freunde findest wirst, die mit genauso viel Energie durchs Leben gehen wie Du.

Zusammenfassung

- Betrachte Deine Vergangenheit: Was hat Dir wiederholt aus welchem Grund Spaß gemacht? Welche Gemeinsamkeiten gibt es bei diesen Aktivitäten?
- Überlege: Was würdest Du tun, wenn Du tatsächlich eine Million auf dem Konto hättest?

Ernsthafte Antworten auf diese Fragen liefern Dir wertvolle Hinweise auf das, was Du wirklich möchtest.

Literaturempfehlungen 16

Hier findest Du ausgewählte Empfehlungen zu Werken, die zu den im Buch angesprochenen Themen oder zum Studium im Allgemeinen passen. Möchtest Du tiefer in die Materie einsteigen, kann ich sie Dir nahe legen. Eine ausführliche Liste von Buchempfehlungen, welche auch andere Themen mit einschließt, kannst Du unter http://www.dorianproksch.com/produkte finden. Dort kannst Du die Bücher sofort bestellen.

How to Become a Straight-A Student, Cal Newport, New York 2007
Dieses Werk richtet sich hauptsächlich an amerikanische Studenten und beschreibt, welche Strategien die 1,0er-Kanidaten dort angewendet haben. Während einige der vorgestellten Methoden ausschließlich für das amerikanische Universitätsleben anwendbar sind, kannst Du Dir auch Anregungen für das Studium an deutschen Universitäten und Hochschulen holen. Wenn Du planst, ein Auslandssemester in den vereinigten Staaten zu absolvieren, ist es für Dich eine Pflichtlektüre. Das Buch liest sich sehr gut, da die Vorschläge mit Beispielen von Studenten untermauert wurden.

Der Studi-Survival-Guide, Martin Krengel, Berlin 2010
Martin Krengel hat das erste Zeitmanagement-Buch geschrieben, das primär Studenten als Zielgruppe hat. Er beschreibt, wie Du Dein Studium und Deine Freizeit optimal in Einklang bringen kannst und so nicht nur in der Bibliothek sitzt und büffelst. Zusätzlich gibt er noch Tipps zur Ordnung und Organisation. Revolutionäre Ideen darfst Du dabei nicht erwarten. Es handelt sich vielmehr um die Anwendung der bekannten Konzepte des Zeitmanagements auf das Studium. Besonders als Einsteiger in die Materie ist das Buch sehr zu empfehlen.

Master your workday now! Michael Linenberger, San Ramon 2010
Die Grundlagen des Zeitmanagementsystems von Michael Linenberger sind in diesem Buch in Kap. 4 beschrieben. In dem Werk wird es in aller Ausführlichkeit

erläutert und um diverse Varianten ergänzt, damit Du Deinen Tag optimal organisierst. Im weiteren Verlauf wird dann darauf eingegangen, wie Du Deine Aufgaben konsequent auf Deine Ziele ausrichtest und Dich so von dem permanenten „beschäftigt sein" lösen kannst. Wenn Du nur ein Buch über Zeitmanagement gelesen haben solltest, dann ist es dies.

Der längere Atem, George Leonard, New York 1991

Im diesem Werk werden die Prinzipien beschrieben, wie Du durch Ausdauer langfristig im Leben Erfolg erlangen kannst. Besonders umfassend wird das Konzept des Plateaus erklärt, das eine Phase beschreibt, in der Du kaum Fortschritte machst. Da das Studium ein umfassendes Projekt ist, sind diese Tipps gut übertragbar. Beeinflusst wird das Buch von der östlichen Philosophie, und es bietet Dir viele Gründe, warum Du niemals schnell aufgeben solltest.

The richest man in Babylon, George S. Clason, New York 1988

Für viele Studenten ist Geld ein großes Thema. Hinzu kommt, dass die meisten nie gelernt haben, richtig mit Geld umzugehen und sich im Studium nun mit dieser Herausforderung konfrontiert sehen. Dieses Werk beschreibt auf anschauliche Art und Weise die Prinzipen, mit Geld gut umzugehen. Statt Ratschläge zu erteilen, werden spannende kleine Geschichten erzählt, aus denen Du Dir das Wissen ableiten kannst. Dieses Buch ist ein toller Einstieg zum Thema.

Personal Development for Smart People, Steve Pavlina, New York 2008

Der erfolgreiche Blogger Steve Pavlina beschreibt in seinem Buch die sieben Prinzipien für das persönliche Wachstum. Das ist das ideale Buch für jeden, der nicht nur studieren, sondern sich darüber hinaus zu einer reiferen Persönlichkeit entwickeln möchte. Es enthält zusätzlich einige Gedankenexperimente und Übungen, die Dir dabei helfen, Dich zu verändern.

Zusätzlich findest Du viele weitere, kostenlose Tipps zum Thema Zeitmanagement, Studium und Karriere auf meinem Blog: http://www.dorianproksch.com/blog. Besuche mich mal!